本书的研究和出版得到国家社科基金青年项目（13CJY105）和教育部人文社会科学重点研究基地重大项目（11JJD790048）的资助

教育部人文社会科学重点研究基地重大项目成果

The Study on Price Regulation
of Resource Products

资源型产品价格管制研究

叶建亮 / 著

ZHEJIANG UNIVERSITY PRESS
浙江大学出版社

图书在版编目(CIP)数据

资源型产品价格管制研究 / 叶建亮著. —杭州：
浙江大学出版社,2018.7
ISBN 978-7-308-18456-4

Ⅰ.①资… Ⅱ.①叶… Ⅲ.①工业产品－价格机制－
研究－中国 Ⅳ.①F426

中国版本图书馆 CIP 数据核字(2018)第 179509 号

资源型产品价格管制研究

叶建亮 著

责任编辑	田 华	
责任校对	杨利军 王建英	
封面设计	春天书装	
出版发行	浙江大学出版社	
	(杭州市天目山路 148 号 邮政编码 310007)	
	(网址:http://www.zjupress.com)	
排 版	浙江时代出版服务有限公司	
印 刷	浙江海虹彩色印务有限公司	
开 本	710mm×1000mm 1/16	
印 张	9.25	
字 数	156 千	
版 印 次	2018 年 7 月第 1 版 2018 年 7 月第 1 次印刷	
书 号	ISBN 978-7-308-18456-4	
定 价	35.00 元	

目　　录

第一章　绪　论 ……………………………………………………… 1

第一节　资源及资源型产品 ………………………………………… 1

第二节　资源型产品的特殊属性 …………………………………… 5

第三节　已有的相关研究 …………………………………………… 6

第四节　本书的框架 ………………………………………………… 10

第二章　资源型产品的价格决定：机理与特征 …………………… 12

第一节　供给弹性与价格决定机制 ………………………………… 12

第二节　考虑库存情况下的价格变动 ……………………………… 14

第三节　市场结构与纵向关联 ……………………………………… 17

第四节　策略性行为与定价 ………………………………………… 22

第五节　本章小结 …………………………………………………… 34

第三章　资源型产品价格管制：可能的工具 ……………………… 35

第一节　直接价格控制 ……………………………………………… 35

第二节　进入管制 …………………………………………………… 47

第三节　本章小结 …………………………………………………… 55

第四章　资源税与资源最优开采路径 ……………………………… 57

第一节　相关研究回顾 ……………………………………………… 58

第二节　基础模型——完全竞争市场 ……………………………… 60

第三节　拓展模型 …………………………………………………… 68

第四节　本章小结 …………………………………………………… 71

第五章　最优资源税：基于 CGE 模型的考察 ·························· 73

　第一节　研究背景与文献 ······································ 73

　第二节　资源 CGE 模型的构建 ··································· 82

　第三节　资源社会核算矩阵 ···································· 89

　第四节　资源 CGE 模型的检验与模拟 ······················· 93

　第五节　本章小结 ··· 102

第六章　价格扭曲与资源型行业的资源错配 ···················· 107

　第一节　数据及理论框架 ······································ 107

　第二节　资源型行业的资源错配原因：实证检验 ············· 118

　第三节　本章小结 ··· 127

参考文献 ·· 133

后　记 ·· 145

第一章 绪 论

在资源日益稀缺的年代,资源约束逐步成为一国经济和社会发展的主要瓶颈。在市场经济背景下,稀缺资源的优化配置主要依赖于有效的价格机制。在我国,市场化改革的不断推进,促成了国民经济的高速增长。但是在资源型产品领域,市场化改革的进展相对滞后,资源配置扭曲问题突出。如何在资源型产品领域实施有效的政府规制,不仅事关这些产业自身的健康有序发展,同时也因资源型产品的基础性和战略性,而关系到整个国民经济发展的稳定性和可持续性。资源型产品的政府管制,核心是理顺价格形成机制,进而优化配置资源,同时促进国民经济结构合理化。

第一节 资源及资源型产品

资源(resource),是一定时空范围内各种经济发展要素的统称,是一切可被人类开发利用的物质的总和。总体上,资源可分为自然资源、社会资源和技术资源。自然资源是指自然界中客观存在的可供人类生产利用的物质,例如土地、矿产、水、森林等。社会资源是指人类生产交往过程中形成或积累的价值存量,例如人力资源、社会关系等。技术资源是指依赖于特定生产技术活动而形成的排他性的物质、信息等,例如无线电频道、互联网域名地址等。从狭义上说,人们所称的资源一般是指自然资源,也就是不依赖于人类生产活动,客观存在于自然界的各种可利用的物质。

在大部分的研究中,如果不加以特别的界定,也将资源等同于自然资源。遵循这一惯例,本研究所讨论的资源也是指自然资源。

资源型产品(resource products)则是以资源为直接投入要素,通过初次加工而成的成品或者半成品。在现有的文献中,资源和资源型产品并没有作很清晰的区分。总体而言,资源型产品中凝结了人类劳动投入;而资源本身则是天然的,不凝结任何的人类劳动。因此,天然的湖泊不是资源型产品,但是建立水渠、将湖泊水引入渠道后成为灌溉水源,就成为资源型产品。同样的,埋藏在地底下的矿藏只是资源,而不是资源型产品,当通过人类劳动将其挖掘出来之后,或者进行加工之后,就成了资源型产品。

简单地说,资源型产品就是资源的加工和再加工品。未经人类加工的自然资源是资源型产品的基础,但并不是所有资源都能成为资源型产品。只有那些具有稀缺性的,并且具备一定的技术和能力进行开发(开采)利用的资源,才有可能转化为资源型产品。更确切地说,自然资源只有具备了经济属性之后才有可能转变为资源型产品。资源具备经济属性既依赖于资源本身的特征,如储藏量、可利用性等,也依赖于社会发展和技术进步。尤其是,自然资源作为客观存在,未经重大自然地理条件的变化并不会发生重大改变,但是人类社会却在不断发展和进步,在这种情况下,自然资源的经济属性则在不断地发生变迁。例如,大部分矿产资源在人类工业革命未到来之前基本上是不具备经济属性的,因此也不存在以这些自然资源为主体转变的资源型产品。但是工业革命之后,绝大多数的矿产资源都具备了经济属性,从而形成了大量的资源型产品。

为什么需要对资源与资源型产品进行区分?首先,两者的区分有助于厘清资源价值理论的争论。按照马克思的理解,劳动是一切价值的唯一源泉,自然资源没有凝结人类劳动,是否具有价值一直存在争议。按照马克思本人的观点:"一个物可以是使用价值而不是价值。这就使一个物可以对人有用而不必是人的劳动产品。例如,空气、天然草地、处女地、野生林等等。"在他看来,使用价值是可以脱离价值而独立存在的。自然资源有用,是因为其具有使用价值,但没有凝结人类劳动,因而不具有价值。但是,对于这个观点,一些学者也提出了不同的看法。例如,罗丽艳

(2003)就认为,"自然资源作为一种客观存在,不仅为人类提供直接的生活资料、生产资料,还为人类提供赖以生存的环境空间,因此自然资源是有价值的,这是一个不争的事实。"晏智杰(2004)也指出,在资源日益紧缺的背景下,持资源无价值的观点是非常有害的。他认为,必须考虑马克思的劳动价值论的分析前提,即"这是马克思的抽象分析法的体现和需要,也就是说,起初分析简单商品生产和交换规律时需要这样做,等到后来就会改变这种假定,承认自然资源有价值"。在马克思劳动价值论的框架内,表面上看似乎的确会出现理论与经验上的冲突,一方面,劳动价值论的一元价值论意味着劳动是价值的唯一源泉,离开劳动不可能形成价值;另一方面,自然资源的确对人类生存和发展具有重大的作用,甚至是基础性作用。对于这个矛盾,坚持劳动价值论观点的学者(包括马克思本人)则将价值和使用价值分类,且认为使用价值可以独立于价值和存在。但是这一观点的最大问题在于,自然资源没有价值和只有使用价值,很难从经验上予以验证,而且从政策角度看,对于资源管理的相关政策也提出了理论上的挑战。例如资源如果没有价值,那么资源税的依据是什么?另一方则修正劳动价值论的观点,认为劳动价值论是有特定前提的,不适用自然资源。这一观点的问题是破坏了劳动价值论的统一性,实际上也并不符合马克思劳动价值论的本意。

考虑到上述的理论困境,有必要在重新审视有用性的基础上,区分资源和资源型产品。尽管商品的价值来源于社会必要劳动,但是商品的有用性则来自于需求,更确切地说是来自于稀缺性。这里讨论价值的时候,其隐含的前提是这种物品首先是商品。按照标准的政治经济学定义,商品是用来交换的劳动产品。从目的上说,商品是用来交换的,交换的前提必然是稀缺性,如果不存在稀缺性,则既无交换的必要,也无交换的可能。从对象上说,商品是劳动产品,其中必然凝结人类劳动,方能形成价值。人类劳动是有目的性的,即解决稀缺物品的获得和分配问题。从这个意义上讲,自然资源在未转化为商品之前,并不存在商品的属性,因而也不存在商品的价值。当自然资源转变为商品,则必然意味着凝结了人类劳动,使得自然资源转变为劳动产品,从而也就转变为资源型产品,从而具备了价值。这种转变的形式是多样的,比较典型的如地底下的矿藏,在自然状态下并不具有直接的可用性,也无法成为商品,当被挖掘出来之后,就成了资源型产品。有一些转变可能并不显著,但同样体现人类的劳动。同样以矿藏为例,如果某地方政府拍卖(交易)矿藏的开采权(实际并未开采),那么我们讨论的商品实际上是这种权利本身。这种权利的确立同样需要投入劳动(勘探、确权等)。只不过这种权利本身并非我们这里所说的资源型产品,而是基于后续的资源型产品生产收益的折现。

区分资源和资源型产品,有助于我们理解资源型产品的价值来源,以及资源的价格形成机制。

首先,资源不具有商品价值,并不意味着资源型产品不具有价值。事实上,原先讨论资源价值的时候,一些人认为坚持马克思关于资源不具有价值的观点,会不利于资源集约化利用,无法为资源合理定价。实际上,区分资源和资源型产品,就可以解决这种困境。尽管未经开采的自然资源不具有商品价值,但是供人类生产生活使用的资源型产品,则具有商品价值,因此必然具备与其价值相符的价格。资源的权利(如开采权)作为一种商品,其价值是源于未来资源型产品的价值,对资源权利的定价,本质上是资源型产品价值的折现,这里也同样不存在不依赖于价值的价格问题。

其次,资源型产品的价值高低仍然是由社会必要劳动时间(价值)决定,而不是由使用价值决定。另有一种观点担心,资源(资源型产品)的价值很高(例如饮用水),其价格是否也应该很高。从本研究的逻辑出发,资源型产品的价值也完全遵从价值规律,价值的高低由社会必要劳动时间决定,而不是由其使用价值决定。因此,禀赋丰裕的资源型产品,其社会必要劳动时间必然较低,从而商品价值较低;反之亦然。这个逻辑与西方经济学中的"钻石悖论"有一定的相似性,只不过后者从边际效用的角度解释钻石比水贵的原因,而从这里的逻辑出发,水的使用价值高于钻石,但是作为资源型产品,探寻、开采加工钻石的社会必要劳动时间远远超过饮用水,因而导致两者的价值差异。持资源有使用价值和无价值的观点的论述,同样面临的一个困境是,使用价值较高的产品(如饮用水)其价格如何高于使用价值较低的产品(如钻石)?那么价格围绕价格波动的价值规律又如何解释?

最后,资源型产品的价格以价值为依据,但受其他因素影响巨大。一般的价值规律告诉我们,商品的价值决定价格,价格围绕价值波动。但是,资源型产品的价格受其他因素影响而偏离价值的可能性和程度要远远大于其他产品。这是由于资源型产品的特殊属性造成的(我们将在下文详细论述)。一方面,资源型产品的挖掘、开采、加工,由于技术水平的提高,其社会必要劳动时间不断下降,因此,价值应该不断下降。但是,另一方面,可耗竭资源的储量由于不断开采而下降,导致新增的资源型产品勘探、开采难度增加,从而增加资源型产品价值。此外,新技术的出现,又可能增加资源型产品的新用途,或者找到新的替代性产品,从而可能增加或者减少资源型产品的需求,增加了价格对价值背离的可能性。

第二节 资源型产品的特殊属性

资源型产品具有区别于一般产品的四个特征:

第一,资源型产品的价值和使用价值存在巨大的落差。从劳动价值角度看,资源型产品的价值普遍不高,基于资源存储量和地理、技术特征,将自然资源转变为资源型产品所需的社会必要劳动时间往往并不多。而且相对而言,这些劳动复杂程度也不高,因而在劳动力配置上也并不需要高技能劳动力投入。但是从使用价值的角度看,资源型产品的使用价值往往非常高。一些资源型产品是下游产品并不或缺的投入品,例如某些金属矿产;另一些资源型产品可能是人类生活并不或缺的消费品,例如水。生产上投入价值相对较低和使用上用途巨大所形成的落差,在很大程度上会困扰资源型产品的研究、定价和政府管制问题。如果单从劳动价值的角度而言,资源型产品的价值并不高,因而不可能制定高价。但是从使用价值角度来看,那么基于功效(效用)的价格可能就相对较高。因此,思考和研究资源型产品,必须基于其价值和使用价值巨大落差的这一特征,对两者进行较为合理的平衡。

第二,资源型产品具有基础性,或称强前向关联性(forward linkage)。即在生产链上,资源型产品处于最前端,是整个国民经济的最上游行业。所有其他行业,都依赖于这个基础性行业直接或间接的投入。

因此,资源型产品价格和供给的变化,具有很强的连锁反应,会对下游行业带来冲击。因此,资源型产品的管制政策,不能局限于资源型行业内,而必须放置于纵向关联的市场结构中,从生产链的角度加以统一考虑。

第三,资源在一定条件下具有稀缺性。即在一定的时空条件下,资源的供给总是给定的,从而导致资源型产品的供给弹性缺乏,利用价格信号难以有效调节市场供需,或者说价格调节市场供需容易造成巨大的波动。这有别于大部分的行业,一般行业的投入要素的供给是有弹性的,因此可以通过价格信号比较有效地调节供需。考虑到资源型产品投入缺乏价格弹性,一方面,需求的变动更有可能引起价格的剧烈波动;另一方面,价格变化又难以迅速指导资源的配置。考虑到资源型产品的基础性特征,客观上需要资源型产品的价格具有较强的稳定性,如何在一个低弹性市场维持价格问题具有高度的复杂性。

第四,资源型产品管制目标具有多元性。即不仅是资源空间上的优化配置问题,同时还必须考虑资源时间上的优化配置问题。既要考虑资源的集约利用,又要考虑下游产业的发展空间。具体而言,价格一般指导资源空间上的配置,但是时间上的优化配置则需要资源税收和管制政策的协同。而对于政府在资源型产品市场的介入目标上,则存在多元目标的协同问题。一方面,作为国民经济的基础性行业,资源型产品的价格必须避免过高的增长,否则容易引发普遍性的成本推动型的通货膨胀。另一方面,从资源集约利用的角度考虑,有必要适当提高资源价格,严格控制资源的开采量。两者在一定情况下是矛盾和冲突的。如何平衡两者的关系,是资源型产品管制的核心问题。

第三节　已有的相关研究

一、传统管制经济学与增长理论

严格地说,在一般的政府产业规制理论中并不存在系统的关于资源型产业的规制理论。在资源经济学理论看来,资源型产品的重要问题应该是明确资源的归属(产权问题),以及资源开采导致的环境和生态问题

（外部性问题），因此政府的规制重心应该是合理地克服或者抑制这些问题（Randall，1981）。

但是，另一方面，由于资源特定时空条件下的可耗竭性，使得经济学家在研究经济增长中的资源约束时，也开始注意到对资源适用的政府干预的必要性。Hotelling（1931）的经典研究提出了资源最优定价问题，暗示着政府实际上可以通过直接或者间接的价格规制，以实现资源的最有效率配置。在 20 世纪 70 年代，随着石油危机的发生，关于资源约束和经济增长极限问题，再次引起人们重视，Dasgupta 和 Heal（1974），Stiglitz（1976），以及 Solow（1974）等运用新古典增长模型（Ramsey-Cass-Koopmans 模型），对经济增长与资源支撑以及资源时序上的配置问题的研究，给出了技术进步与资源开采的关系。而 Robson（1980）对资源约束下最优的经济增长路径的研究，Aghion 和 Howitt（1998），以及 Stokey（1998）基于资源环境承受阈值和内生创新问题的研究，Barbier（1999）基于人口增长与资源利用的研究，Grimaud 和 Rouge（2005）基于资源替代问题的研究，其基本的结论都指向了一个合理的、可承受的资源开采（包括环境资源的利用）路径，从而为政府的规制（价格和数量规制）提供了依据。

总体上，传统规制理论关于资源型产业的认识，一方面体现在产权问题和外部性问题上，关注制度设计如何能清晰产权，抑制和避免外部性。另一方面，关注宏观经济增长与资源约束问题，政府如何采取合理的资源分配（空间和时间）政策，支撑经济的增长。但是，这些认识的一个重要缺环是忽视了企业层面（或者将企业看成原子式的竞争者）。实际上，政府规制政策的实施，最终落实到企业层面的行为，尤其是企业的竞争策略时，则会演绎出复杂的市场结构和策略均衡，从而对政策的实际运行产生甚至是颠覆性的影响。

二、资源争夺、市场结构与资源配置

与宏观层面关于竞争增长和资源约束问题的研究不同，在微观领域，人们关注的是企业的竞争策略对资源配置的影响及其相互关系。Kreps 和 Scheinkman（1983），以及 Davidson 和 Deneckere（1984）较早地研究了企业在寡头竞争市场上,对上游投入品(资源)的竞争并不完全呈现"理性规律"(rationing rule)。Lang 和 Stulz(1994)则发现,一些企业在特定的竞争格局下会过度膨胀其规模,从而导致企业的规模和托宾 q 值负相关。Stahl(1989)建立了一个有上下游产业关系的一般均衡模型,其研究发现,中间商利润最大化的价格要超过瓦尔拉斯均衡的价格。

对于这些现象的更为系统解释来源于 Riordan(1998)的工作。Riordan 将纵向市场竞争结构引入分析,通过对一个"主导—跟随"(dominant-fringe)市场结构下企业竞争策略的研究发现,主导型企业为了降低对手的竞争力,往往会抬高投入资源的价格,以提高竞争者成本(raising rivals' cost),因而往往会过度投入资源,但是这种行为在整体福利上的影响则是不清楚的。Loertscher 和 Reisinger(2009)在双寡头市场上的研究,也得出了类似的结论。Acemoglu 等(2009)的研究则揭示了企业在资源争夺时的掠夺性定价倾向。Esö 等(2010),以及 Song 等(2018)的研究,则进一步揭示了企业的这种资源争夺竞争策略反过来影响了市场结构,使得市场变得更为竞争或者更为垄断。

从微观企业竞争策略角度,研究企业竞争行为对资源配置的影响,有助于我们更为系统和深入地认识市场机制在资源配置过程中的实际影响,以及"市场结构—企业竞争策略—资源配置实效"三者之间的逻辑关系。因而也成为本课题研究的主要理论依据。

三、资源最优配置的可计算一般均衡(CGE)

在一般均衡框架内考虑资源和环境,进行实证计算,并给出政策指导,是当前一个十分热门和前沿的问题。这一问题的主要研究框架便是可计算一般均衡(Computable General Equilibrium,CGE)。

自 Johansen(1960)第一个采用 CGE 分析挪威的多部门经济增长以来,CGE 在环境和资源政策的研究中,被广泛地采用,主要是用于分析资源和环境的配置实用效率和规制政策的制定。McKibbin 和 Wilcoxen(1998)提出了一个全球一般均衡增长模型(Global General Equilibrium Growth Model),并应用于京都议定书框架下的二氧化碳排放量分配。Manne 等(1995)用 CGE 模型计算了考虑环境影响的能源消费和能源税的问题。而一些分国别的研究则更为丰富,Naqiv(1998)对巴基斯坦,Dixon 等(1982)对澳大利亚,Galinis 和 van Leeuwen(2000)对立陶宛,Allan 等(2007)对英国的关于环境资源政策效应研究,都基于 CGE 的计算。其区别在于部门数据的集结途径以及对微观主体目标函数设计的差异。

利用 CGE 模型,采用统计数据实证估算产业规制政策的实际影响,并明确度量政策的效率,对可能的政策进行比对筛选,得出的结果无疑更为客观、准确和科学。在数据支撑足够的情况下,CGE 是进行政策评估的较好方法。

四、我国资源型产品规制研究

我国资源型产品规制的研究是与我国资源型产业的改革和发展轨迹紧密联系的。或者说相当数量的研究是直接的对策性研究或者政策性呼吁。早期资源型改革的主要问题是所有权问题,即是否允许多样化的资本进入。在缺乏专门系统的研究情况下,实际的改革路径也呈现多样化。石油、天然气等能源部门采取国企垄断并辅之以价格控制的规制政策,煤炭、稀土等部门采取较为开放的进入规制,黄金等金属矿产部门采取较为严格的许可证制度。而相关领域的政策性研究,则大多搬用西方业已成熟的规制理论。我们这里不赘述。

近些年,随着政府关于资源型产业改革的重心转向价格体制(马凯,2005),一系列资源型产品价格规制的研究随之兴起。罗丽艳(2005)提出了自然资源代偿价值理论,认为决定商品经济价值的最终基础是最基本的两个生产要素——劳动和自然资源——在生产过程中的耗费,替代和补偿这种耗费所必需的物质量是商品交换价值的底线。刘乃军、路卓铭(2007)认为,资源价格扭曲是我国当前资源型产业的最大弊病,必须通过包括价格形成机制改革、税费改革和资源交易基础设施建设在内的系统性工程,才能克服。而在价格形成机制上,必须建立以资源开发补偿机制为基础的价格体系(路卓铭,2007)。国家统计局城市司和湖南调查总队课题组(2008)的研究勾勒了我国资源型产品的价格规制制度。吴文庆(2011)则认为,资源价格机制的建立,同时必须推进税改费,完善转移支付和地方政府职能,以及价格监管体系等配套措施。

总体上,这些研究带有浓重的直接政策建议色彩,缺乏基础性的研究和政策评估支持。另外也存在一些零散研究,采用比较规范的研究方法,对我国资源型产业的规制问题加以分析。如马明(2001)用CGE模型分析中国水资源约束与经济增长的关系的研究。张立、陶应发(2006)对政府花费、资源规制效率和均衡的资源使用量、资本存量、消费关系的研究。宋辉、魏晓平(2010)对可耗竭能源开采模式的研究,许士春等(2010)基于动态优化模型对资源最优消耗路径的研究等。这些规范的研究,尽管并不直接投向于产业规制本身,但是无疑有助于从更为规范的角度解释资源型产业运行的逻辑规律,其提出的政策建议无疑更具有针对性和科学性。

第四节　本书的框架

考虑到资源型产品的上述特点,本书基于多目标协同规制视角,将上下游产业纵向关联纳入产业分析,通过构建纵向关联市场结构下的企业资源争夺策略理论模型,梳理"市场结构—企业竞争策略—资源配置绩效"的内在关系,在此基础上将多目标协同嵌入政府规制政策分析,并进行绩效评估和政策筛选,从而为政府制定更为有效的资源型产品价格管制政策提供理论支持和政策建议。

第二章,基于基本的市场供需理论,考察资源型产品的价格决定。从三个方面考察资源型产品的价格决定:一是考察资源型产品投入缺乏弹性的背景下,市场均衡价格及波动;二是考虑存货与投机需求情况下,市场出清与价格决定;三是考虑纵向关联与市场结构条件下的价格决定。

第三章,讨论政府直接和间接的价格管制措施,以及在纵向关联的资源型产品市场上的传导及其福利效应。我们主要探讨直接定价、最高限价两种直接价格管制措施,以及数量管制和许可证管制两种间接价格管制措施的作用机理,对最终价格和市场福利的影响。

第四章和第五章分别从理论和实证数据两个层面探讨资源税问题。资源税作为最重要的政府干预价格的举措,其对资源配置和福利会造成重要的影响。第四章,立足动态优化的视角,分别考虑资源开采优化和需求福利优化问题,研究最优资源税的时序路径。第五章,基于可计算一般均衡(CGE)模型,研究不同资源税税制下,对我国宏观经济增长和结构的影响。

第六章,立足中国的情况,进一步分析价格扭曲对中国资源型行业的资源错配的影响。测度资源型行业的资源错配缺口在时间和空间上的特征,并对其影响因素进行实证分析。

第二章　资源型产品的价格决定:机理与特征

本章主要探讨资源型产品的价格决定机制。我们将从基本的供需均衡出发,探究资源型产品的投入低弹性对资源型产品价格的影响。在此基础上,一方面,考察企业资源储藏和投机行为如何进一步影响产品价格;另一方面,从上下游企业纵向关联的视角,考察纵向竞争与资源型产品的价格决定。

第一节　供给弹性与价格决定机制

我们首先建立一个简单的模型,考察资源型产品的价格决定。假设一国资源储量为 R,资源型产品企业进行开采并将其加工成资源型产品的边际成本取决于资源存储量水平和开采技术,即可以表示成:

$$MC(R,Q) = c + \frac{\kappa}{R} \cdot Q \tag{2.1}$$

其中,$\kappa > 0$ 代表了开采加工的技术水平,技术水平越高,κ 越低。不难计算,在初始资源存储量为 R_0 的情况下,生产 Q 单位资源型产品的成本为:

$$C(Q,R_0) = \int_0^Q \left(c + \frac{\kappa}{R_0} \cdot q\right) \mathrm{d}q = F + cQ + \frac{\kappa}{2R_0} \cdot Q^2 \tag{2.2}$$

假设市场对该资源型产品的需求为:

$$D(p) = A - p \tag{2.3}$$

则此时在竞争性资源型产品市场上的均衡价格为:

$$p = \frac{A + c \cdot R_0/\kappa}{R_0/\kappa + 1} \tag{2.4}$$

可见,资源型产品的价格取决于资源存储量 R_0、开采技术 κ 和市场需求强度 A。而且 $\frac{\mathrm{d}p}{\mathrm{d}R_0} < 0, \frac{\mathrm{d}p}{\mathrm{d}\kappa} > 0$,以及 $\frac{\mathrm{d}p}{\mathrm{d}A} > 0$,即资源存储量越高,开采技术越进步,市场价格越低,而市场需求越高,则市场价格越高。

图 2.1 更为直观地描述了均衡价格和各种比较静态的情况。图中,资源存储量 R_0 构成了资源型产品供给的上限。按照边际成本函数得到供给曲线 $MC(R_0)$,与需求曲线 $D(p)$ 相交于 E_1。当需求扩大至 $D'(p)$,则相应的均衡由 E_1 移动到 E_2,而价格则由原先的 p_1 上升到 p_2。由于资源存储量会因为不断开采利用而不断减少,那么在资源存储量的减少过程中,资源型产品的价格会被进一步抬高。比如,图中,资源存储量由 R_0 下降为 R'_0,则供给曲线由 $MC(R_0)$ 变为 $MC(R'_0)$,均衡也随之变为 E_3,价格则进一步上升至 p_3。

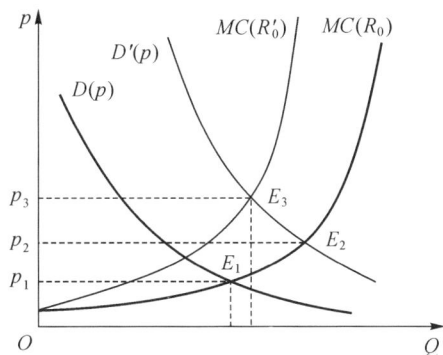

图 2.1　资源型产品价格决定:比较静态

考察资源型产品的行业(反)供给函数 $p = c + \frac{\kappa}{R_0} \cdot Q$,不难计算,其供给的价格弹性为:

$$\varepsilon^S = \frac{p}{p - c} \tag{2.5}$$

这意味着供给的价格弹性随着价格的上升而下降。在资源非常充裕的情况下,供给是具有完全弹性的,随着资源不断开采利用,资源存储量下降,则资源价格不断上升。在此过程中,资源型产品的供给弹性也不断地降低。

资源供给的价格弹性随资源开采比重上升而下降的一个主要后果是,随着需求的变动,资源型产品的价格波动将变得越来越剧烈。为进一步讨论这一问题,我们考虑一个需求波动的市场,$D_t(p_t) = A_t - p_t$,其中 $A_t > 0$ 为一随机变量。此时,每一期市场出清的价格为:

$$p_t = \frac{A_t + c \cdot R_t/\kappa}{R_t/\kappa + 1} \tag{2.6}$$

因此,价格的波动方差为:

$$\sigma_p^2 = \frac{\kappa}{R_t}\sigma_A^2 \tag{2.7}$$

可见,随着资源存储量的下降,在需求波动不变的情况下(σ_A^2),价格波动将持续增大。图 2.2 直观地反映了这一价格波动的影响。假设初期资源存储量为 1000 单位,A_t 是介于 10 到 11 的随机数,开采技术保持不变(为 0.5),c 为 1。可以看到,在期初,资源存储量比较丰裕的情况下,需求波动并未引起资源型产品价格的剧烈波动,而随着资源的不断开采利用,存储量不断下降,需求波动导致资源型产品的价格波动越来越剧烈。

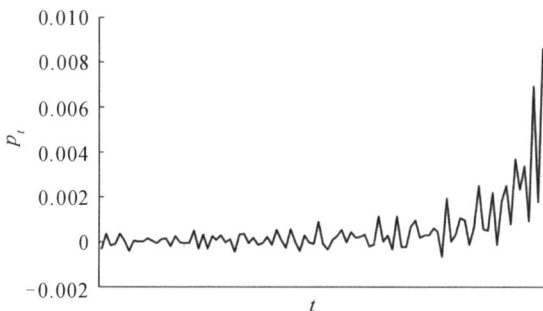

图 2.2　资源型产品的价格波动(增长率)

第二节　考虑库存情况下的价格变动

资源型产品价格波动会随着资源存储量下降而增加,而价格的波动又为库存和投机提供了机会。如果考虑资源型产品可以通过库存加以储存并进行跨期套利,那么这种活动是否抑制了价格波动?

一般而言,库存和跨期套利有助于实现资源的跨期配置,从而熨平价格波动。但是,如果人们认为价格的波动在时间上并不是完全独立的,那么当价格上涨时,人们可能更倾向于认为下一阶段的价格还会上涨,因此会增加库存,从而进一步推高当期价格。反之,如果当期价格下降,那么人们也会预期下一期价格下降的可能性会高于上涨的可能性,从而进一步降低库存,因此进一步压低了价格。

按照上面的框架,假设每一期 t,资源型产品的市场需求 $Q_t = A_t - p_t$ 存在波动,即 A_t 为一随机变量,且 $A_t \in \{A_L, A_H\}$,以及 $Pr(A_t = A_L) = \rho$。且不失一般性,假设 $A_H - A_L > \dfrac{c}{1-\rho}$。资源型产品生产者只掌握过去的市场需求信息,并在不知道当期市场需求信息的情况下必须作出产量决策。之后市场需求信息揭示,生产者根据市场需求状况决定销售和库存。为简化分析,避免资源存储量减少带来预防性储备对资源型产品生产者决策的影响,我们进一步假设资源存储量足够大且保持不变。

在这个决策中,对于资源型产品生产者而言,其在每一期面临着两阶段选择问题,即在第一阶段选择产量,第二阶段选择销量。如果决策只有一期,那么给定企业的第一阶段的产量 Q_t,资源型产品生产者选择销售量 Q_t^s,最大化如下问题:

$$\max(A_t - Q_t^s)Q_t^s$$
$$\text{s. t. } Q_t^s \leqslant Q_t \tag{2.8}$$

不难得到,此时的最优销量的选择如下:

$$Q_t^s = \begin{cases} \dfrac{A_t}{2}, & Q_t \geqslant \dfrac{A_t}{2} \\ Q_t, & Q_t < \dfrac{A_t}{2} \end{cases} \tag{2.9}$$

在第一阶段,资源型产品生产者并不知晓市场需求的真实信息,在此情况下,产量的选择直接影响第二阶段的销量。如果第一阶段的产量选择很大,满足 $Q_t \geqslant A_H/2$,那么在第二阶段,不管实际市场需求如何,企业都会选择 $A_t/2$ 的销量。此时,资源型产品生产者的利润为:

$$\pi(Q_t) = \frac{\rho}{4}A_L^2 + \frac{(1-\rho)}{4}A_H^2 - C(Q_t, R) + \rho\Phi(Q_t - A_L)$$
$$+ (1-\rho)\Phi(Q_t - A_H) \tag{2.10}$$

其中,$\Phi(Q) < C(Q, R)$,表示库存量 Q 的价值。此时,最优的选择显然是 $Q_t^H = A_H/2$。企业获得的预期利润为:

$$\pi(Q_t^H) = \frac{\rho}{4}A_L^2 + \frac{(1-\rho)}{4}A_H^2 - C(Q_t^H, R) + \rho\Phi(\frac{A_H - A_L}{2})$$
$$\tag{2.11}$$

如果第一阶段选择的产量很少,满足 $Q_t < A_L/2$,那么在第二阶段,不管实际市场需求如何,企业都会选择 $A_t/2$ 的销量。此时,资源型产品生产者的预期利润为:

$$\pi(Q_t) = [\rho A_L + (1-\rho)A_H - Q_t]Q_t - C(Q_t, R) \tag{2.12}$$

预期利润最大化的结果意味着:

$$Q_t^L = \frac{\rho A_L + (1-\rho)A_H - c}{2} \tag{2.13}$$

此时资源型产品生产企业获得的预期利润为:

$$\pi(Q_t^L) = \frac{\rho}{4}A_L^2 + \frac{(1-\rho)}{4}A_H^2 - \frac{(1-\rho)}{4}[(A_H - A_L) + c]^2 -$$
$$C(Q_t^L, R) + \rho\Phi[\frac{(1-\rho)(A_H - A_L) - c}{2}] \tag{2.14}$$

两者之差为:

$$\pi(Q_t^H) - \pi(Q_t^L) = \frac{(1-\rho)}{4}[\rho(A_H - A_L) + c]^2 + C(Q_t^L, R)$$
$$- C(Q_t^H, R) + \rho\Phi(\frac{A_H - A_L}{2})$$
$$- \rho\Phi[\frac{(1-\rho)(A_H - A_L) - c}{2}]$$
$$= \frac{(1-\rho)}{4}[\rho(A_H - A_L) + c]^2 - \frac{c}{2}[\rho(A_H - A_L) + c]$$
$$+ \rho\Phi(\frac{A_H - A_L}{2}) - \rho\Phi[\frac{(1-\rho)(A_H - A_L) - c}{2}]$$
$$\tag{2.15}$$

式(2.15)中,几个变量的关系决定了结果的正负。首先,如果需求波动比较大，满足 $A_H - A_L \geq \dfrac{1+\rho}{(1-\rho)\rho}c$，则必有 $\pi(Q_t^H) - \pi(Q_t^L) > 0$，即在第一阶段会生产 Q_t^H 的产量。也就是说，如果市场需求波动比较大的情况下，资源型产品生产企业更有可能生产更多的资源型产品，以应付市场需求的上涨。而即便在未来市场需求不高的情况下，依然可以选择作为库存，在下一期销售。其次，如果 $\Phi'(Q)$ 越大，则也越有可能导致 $\pi(Q_t^H) - \pi(Q_t^L) > 0$。这意味着，如果库存增加对下一期的预期收入增加影响越大，则越有可能在当期增加生产。如果市场波动满足马尔科夫过程，即当期的状态会影响下一期的状态，那么当当期市场需求增加时，下一期市场扩张的概率也将增加，会使得企业当期增加库存的边际收益增加，从而会更进一步强化当期的产量，进一步导致价格上升。

第三节　市场结构与纵向关联

市场结构在产品价格决定中具有重要作用。按照标准的市场竞争的定价规律，生产者按照边际成本与边际收益相等的规则决定价格。在一般的行业研究中，往往只关注产品市场的结构，或者要素市场的结构。前者影响边际收益，后者影响边际成本。举例来说，在完全垄断的市场中，企业的边际收益低于平均收益。因此，当边际收益等于边际成本时，企业增加产量意味着需要降低价格，尽管此时价格（平均收益）仍然高于边际成本，但是生产企业的总体利润受到侵蚀，从而并不会增加产量和降低价格。但是，在完全竞争市场上，平均收益等于边际收益，因此就不存在定价高于边际成本的情况。同样的，从要素市场上看，如果在资源型产品生产企业是完全竞争的，那么其必然会面临竞争性采掘，从而导致资源过度开采，并且资源型产品价格也将被抑制在最低的水平。

进一步，如果考虑纵向关联，那么问题就会变得更加复杂。不同上下游的结构关系，将会影响最终的定价和资源的配置。从理论上说，当上下游存在不完全竞争市场时，就会出现双重边际化的问题（double marginalization）。例如，如果资源型生产企业面临上游垄断的资源供给，那么，上游资源供给企业会采取垄断定价方式，而下游企业也同样会在上游垄断定价的基础上,再度实施垄断定价,从而会造成价格的双重扭曲。

首先,我们考虑一个最为简单的双重边际化问题,即资源由一家垄断企业控制,资源型生产企业向该企业购买资源。考虑到资源存储量足够充分,我们同样承接上一小节的假设,即资源开采成本的二次项系数为零。资源型产品生产企业以 1∶1 的资源投入生产一个单位的产品,生产成本函数为 $C^D(Q) = F^D + \gamma Q$。面临的市场需求如式(2.2)所示不变。市场结构如图 2.3 所示,我们把这种纵向市场结构称为 1×1 纵向市场结构。

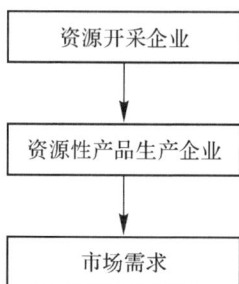

图 2.3 1×1 纵向市场结构

此时,给定资源供给价格 p^r,资源型产品生产企业的最优定价为:

$$p = \frac{A + \gamma + p^r}{2} \tag{2.16}$$

对于资源开采企业而言,其市场需求为:

$$Q^D(p^r) = \frac{A - \gamma - p^r}{2} \tag{2.17}$$

此时,资源开采企业的定价为:

$$p^r = \frac{A - \gamma + c}{2} \tag{2.18}$$

将式(2.18)代入式(2.16)和式(2.17)可得资源型产品的最终市场价格和消费量分别为:

$$p = \frac{3A + \gamma + c}{4}$$

$$Q^D = \frac{A - \gamma - c}{4} \tag{2.19}$$

为理解双重边际化问题,我们假设资源开采企业和资源型产品生产企业纵向合并为一个企业(见图 2.4)。

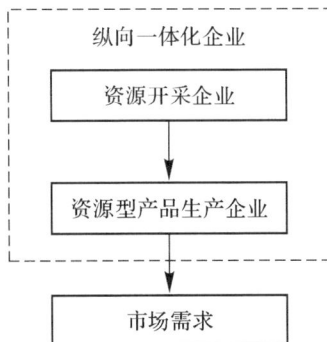

图 2.4　1×1 纵向市场结构中的一体化

此时,纵向一体化企业直接面对市场,其边际成本为 $\gamma + c$ 。因此,资源型产品最终价格和消费量分别为:

$$p = \frac{A + \gamma + c}{2}$$

$$Q^D = \frac{A - \gamma - c}{2} \tag{2.20}$$

比较式(2.19)和式(2.20)不难看出,纵向一体化情况下的价格要低于非纵向一体化情况下的价格。两者相差 $\frac{A - (\gamma + c)}{4}$ 。两者的差别就是由双重边际化造成的。在非纵向一体化情况下,资源开采企业的成本加成(mark up) $p^r - c$ 为 $\frac{A - (\gamma + c)}{2}$,下游资源型产品生产企业成本加成 $p - (p^r + \gamma)$ 为 $\frac{A - (\gamma + c)}{4}$ 。而在纵向一体化的情况下,资源型产品生产企业仅一次成本加成,即 $p - (c + \gamma) = \frac{A - (\gamma + c)}{2}$ 。因此,在非纵向一体化情况下,上下游的企业均实行了成本加成,从而导致市场价格相比纵向一体化情况下更高。

双重边际化问题导致多重成本加成,从而使得资源型产品价格进一步扭曲、增加。纵向市场结构的改变,会改变多重成本加成的问题。所谓纵向市场结构,是指上下游企业之间的不同市场。一般产业分析中的市场结构设定往往是仅在单一市场上,考察不同企业的数量及其竞争关系；而在纵向关联的市场,我们需要考察两个上下游的市场上,各个市场的市场结构不同,两个市场之间的竞争关系亦不相同。一个企业不仅要考虑横向的同一市场上的企业竞争关系,还要考虑纵向的不同市场上的企业竞争关系。上述的双重边际化问题,只是一个简单的 1×1 的纵向市场结构,即上下游两个市场均是垄断企业。按照一般的分析需要,我们进一步讨论 $1\times2,1\times N$ 以及 2×2 和 $M\times N$ 四种市场结构。

首先看 1×2 的市场结构,即一家垄断的资源开采企业,供给两家下游的资源型产品生产企业(见图2.5)。企业的技术和市场需求承接前面的设定条件。

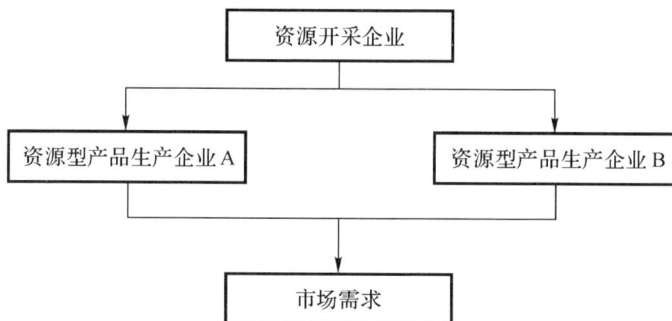

图 2.5 1×2 纵向市场结构

为便于分析,假设下游两家企业生产同质产品,且采取古诺竞争(Cournot competition)。在上游企业提供产品的价格为 p^r 的情况下,下游资源型产品生产企业的产品定价为:

$$p^A = p^B = \frac{A + 2(p^r + \gamma)}{3} \tag{2.21}$$

此时,市场需求为:

$$Q = \frac{2}{3}(A - p^r - \gamma) \tag{2.22}$$

按照这一需求,上游资源开采企业利润最大化的资源定价为:

$$p^r = \frac{A - \gamma + c}{2} \tag{2.23}$$

从而最终资源型产品的价格和销量分别为:

$$p = \frac{2A + c + \gamma}{3}$$

$$Q = \frac{A - (c + \gamma)}{3} \tag{2.24}$$

比较 1×1 纵向市场结构和 1×2 纵向市场结构,不难发现,在同一个市场上,如果市场结构相同,定价在成本之上的加成不变。在这里,资源开采企业在两个不同的纵向结构市场上,面对不同的下游市场,其定价相同,价格在成本(边际成本)之上的加成也一样。但是,最终的市场价格却因为下游的竞争而下降,从而降低资源配置的扭曲。

进一步,我们可以考察一个 $1 \times N$ 的市场,即上游资源开采企业由一家垄断,下游资源型产品生产企业由 N 家同质企业组成。在这种情况下,面对资源开采企业定价 p^r,资源型产品市场上的定价和需求量分别是:

$$p = \frac{1}{N+1}[A + N(\gamma + p^r)]$$

$$Q = \frac{N}{N+1}[A - (\gamma + p^r)] \tag{2.25}$$

从而,上游资源开采企业此时定价为:

$$p^r = \frac{A - \gamma + c}{2} \tag{2.26}$$

可见,此时的定价依然与下游资源型产品生产企业的数量无关。资源型产品的最终市场价格为:

$$p = \frac{1}{2}\Big[\frac{N+2}{N+1}A + \frac{N}{N+1}(\gamma + c)\Big] \tag{2.27}$$

显然,$\frac{1}{2}\big[\frac{N+2}{N+1}A + \frac{N}{N+1}(\gamma + c)\big] > \frac{1}{2}(A + \gamma + c)$,且当 N 不断增大时,两者的差距不断缩小。也就是说,随着下游市场竞争的不断加剧,最终下游资源型产品的价格不断接近于上游资源开采企业垄断定价的水平。换句话说,下游资源型产品生产企业的价格加成仅取决于下游市场的结构,与上游市场结构无关。为验证这一点,我们进一步考察一个更为一般的 $M \times N$ 的情形,即上游 M 家资源开采企业,下游 N 家资源型产品生产企业。两个市场的企业同样采取古诺竞争方式。

按照前面的分析,给定上游资源开采企业的价格 p^r,资源型产品市场上的定价和需求量分别是：

$$p = \frac{1}{N+1}[A + N(\gamma + p^r)]$$

$$Q = \frac{N}{N+1}[A - (\gamma + p^r)] \tag{2.28}$$

按照这一市场需求，每个上游资源开采企业利润最大化的产量为：

$$q^r = \frac{N}{(N+1)(M+1)}(A - \gamma - c) \tag{2.29}$$

从而，上游资源市场的价格为：

$$p^r = c + \frac{A - \gamma - c}{M+1} \tag{2.30}$$

从式(2.30)可以清楚地看到，上游资源市场的价格只与本市场的竞争者数量 M 相关，与下游资源型产品市场的竞争结构没有关系。此时，下游资源型产品市场的最终价格和市场销售量分别为：

$$p = \frac{M+N+1}{(M+1)(N+1)}A + \frac{MN}{(M+1)(N+1)}(c + \gamma)$$

$$Q = \frac{MN}{(M+1)(N+1)}(A + c + \gamma) \tag{2.31}$$

不难看到，随着两个市场竞争的加剧（M 和 N 增大），最终资源型产品的售价会不断向边际成本接近，即：

$$\lim_{\substack{M \to \infty \\ N \to \infty}}\left[\frac{M+N+1}{(M+1)(N+1)}A + \frac{MN}{(M+1)(N+1)}(c + \gamma)\right] = c + \gamma$$

也就是说，上下游市场竞争的加剧，可以不断减少成本加成，并进而降低市场扭曲程度。

第四节　策略性行为与定价

上一节我们假设两个市场的企业都是独立决策，上游企业竞争决定价格，下游企业按照上游企业的价格再决定产品的产量和售价。如果更为现实，上下游企业之间可以通过一些策略性的行为，来增加各自的利润。由此可能会使得定价机制变得更为复杂。这里我们主要讨论两个方面的策略性问题：一是考虑资源争夺情况下，上游企业的产能控制和定价策略;二是纵向一体化与定价策略。

一、产能控制与资源储备

由于资源是资源型产品企业的关键投入要素,资源开采数量的多少直接决定了下游资源型产品产量的上限。因此,从某种意义上讲,上游资源开采企业的产量(资源开采量)构成了下游资源型产品生产企业的产能。面对有限产能,下游企业可能会出于资源争夺而推高资源价格,并导致最终资源型产品价格的上升和进一步扭曲。

假设一个 1×2 的纵向结构市场,给定下游两个企业的资源配置 (q_A,q_B),边际增加一个单位资源,则其中一个企业的支付意愿 (willingness to pay)为:

$$WTP_A(q_A,q_B) = \frac{\partial \pi_A(q_A,q_B)}{\partial q_A} + \frac{\partial \pi_A(q_A,q_B)}{\partial q_B} \cdot \frac{\mathrm{d}q_B}{\mathrm{d}q_A} \qquad (2.32)$$

很显然,这一支付意愿包括两个部分:一是增加一个单位资源给企业自身带来的利润提高。这一部分大小取决于企业规模,此处为 $\frac{\partial \pi_A(q_A,q_B)}{\partial q_A}$。也就是说,随着自身规模的增加(q_A 的增大),企业对资源的支付意愿不断下降。二是竞争对手获得资源导致规模变化带来企业自身利润的变化。由于如果本企业不购买资源,则竞争对手会购买该资源,从而在竞争上使得自身企业处于劣势。考虑到这一点,企业在评价资源价值时,不仅要考虑企业自身规模变化带来的利润变化,还同时要考虑如果企业自身规模不变而对手获得资源导致的规模变化而带来的利润变化,即 $\frac{\partial \pi_A(q_A,q_B)}{\partial q_B} \cdot \frac{\mathrm{d}q_B}{\mathrm{d}q_A}$。因此,企业对资源的边际支付意愿,是两部分价值的总和。

第一部分价值,即不考虑竞争对手获取资源的情况下,是企业对资源的边际支付意愿。此时,由于 $\frac{\partial \pi_A(q_A,q_B)}{\partial q_A} = \max\{0, A-\gamma-2q_A-q_B\}$。即当 $2q_A + q_B \leqslant A-\gamma$ 时, $\frac{\partial \pi_A(q_A,q_B)}{\partial q_A} = A-\gamma-2q_A-q_B$。同样的, $\frac{\partial \pi_B(q_A,q_B)}{\partial q_B} = \max\{0, A-\gamma-2q_B-q_A\}$。再进一步考虑如果企业自身不

增加持有该资源而让对手持有该资源对企业自身利润的影响。由于此时需要考虑到对手是否愿意增加被企业所"放弃"的资源。显然,对于 A 企业而言,如果 $2q_B + q_A > A - \gamma$,则即使 A 企业放弃资源,B 企业也不会增加资源的购买,此时 $\dfrac{\partial \pi_A(q_A, q_B)}{\partial q_B} \cdot \dfrac{\mathrm{d}q_B}{\mathrm{d}q_A} = 0$,否则的话,$\dfrac{\partial \pi_A(q_A, q_B)}{\partial q_B} \cdot \dfrac{\mathrm{d}q_B}{\mathrm{d}q_A} = q_A$。因此,我们可以根据不同的初始资源配置组合 (q_A, q_B),得到不同的资源边际支付意愿。

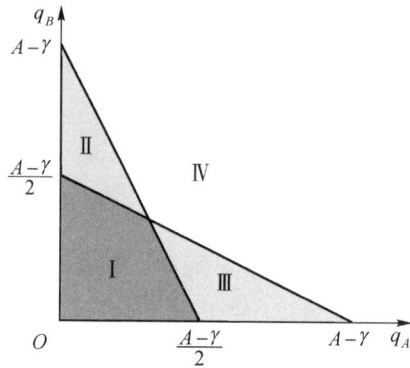

图2.6　初始资源配置对支付意愿的影响

　　如图 2.6 所示,在 (q_A, q_B) 左边体系中,整个初始资源配置可以分成四种不同组合。即图中的四个区域。在区域 I 中,$2q_A + q_B \leqslant A - \gamma$ 且 $2q_B + q_A \leqslant A - \gamma$,此时 $\dfrac{\partial \pi_A(q_A, q_B)}{\partial q_A} = A - \gamma - 2q_A - q_B$,以及 $\dfrac{\partial \pi_A(q_A, q_B)}{\partial q_B} \cdot \dfrac{\mathrm{d}q_B}{\mathrm{d}q_A} = q_A$。同样的,对于 B 企业而言,也有 $\dfrac{\partial \pi_B(q_A, q_B)}{\partial q_B} = A - \gamma - 2q_B - q_A$,以及 $\dfrac{\partial \pi_B(q_A, q_B)}{\partial q_A} \cdot \dfrac{\mathrm{d}q_A}{\mathrm{d}q_B} = q_B$。因此有 $WTP_A(q_A, q_B) = WTP_B(q_A, q_B) = A - \gamma - q^r$。

　　在区域 II 中,$2q_A + q_B \leqslant A - \gamma$ 但 $2q_B + q_A > A - \gamma$,此时 $\dfrac{\partial \pi_A(q_A, q_B)}{\partial q_A} = A - \gamma - 2q_A - q_B$,但 $\dfrac{\partial \pi_A(q_A, q_B)}{\partial q_B} \cdot \dfrac{\mathrm{d}q_B}{\mathrm{d}q_A} = 0$,$WTP_A(q_A, q_B) = A - \gamma - 2q_A - q_B$。也就是说,此时 B 企业的资源比较多,即使 A 企业不放弃资源,B 也不会再增加资源以及资源型产品的产量,因此不

会对 A 企业造成利润上的影响。同样的,对于 B 企业而言,有 $\frac{\partial \pi_B(q_A,q_B)}{\partial q_B}=0$,以及 $\frac{\partial \pi_B(q_A,q_B)}{\partial q_A}\cdot\frac{\mathrm{d}q_A}{\mathrm{d}q_B}=q_B$, $WTP_B(q_A,q_B)=q_B$ 。也就是说,当初始资源配置 B 企业比较多、A 企业比较少时,资源对 B 企业自身的边际价值为零,但是由于考虑到资源流向 A 企业会影响市场价格,从而损害 B 企业的利润,因此,对资源价值的评价必须包含这一部分。而且,不难验证,此时有 $WTP_B(q_A,q_B)\geqslant WTP_A(q_A,q_B)$,也就是说,最终增加的资源供给,会被更大的企业(此处是 B 企业)以更高的价格购买,且这一资源最终并不会变成资源型产品,而是被大企业作为产能储存起来。这一结果与 Eso,Nocke 和 White(2010)的结果一致。

区域Ⅲ与区域Ⅱ类似,$2q_A+q_B>A-\gamma$,但 $2q_B+q_A\leqslant A-\gamma$,此时 $WTP_A(q_A,q_B)=q_A$,$WTP_B(q_A,q_B)=A-\gamma-2q_B-q_A$ 。结果是更大的 A 企业会以更高的支付意愿购买增加的资源,以达到控制产量的目的。

此外,如果初始资源配置组合在区域Ⅳ,那么,$2q_A+q_B>A-\gamma$ 且 $2q_B+q_A>A-\gamma$,此时 $\frac{\partial \pi_A(q_A,q_B)}{\partial q_A}=0$, $\frac{\partial \pi_A(q_A,q_B)}{\partial q_B}\cdot\frac{\mathrm{d}q_B}{\mathrm{d}q_A}=0$, $WTP_A(q_A,q_B)=0$, $\frac{\partial \pi_B(q_A,q_B)}{\partial q_B}=0$,以及 $\frac{\partial \pi_B(q_A,q_B)}{\partial q_A}\cdot\frac{\mathrm{d}q_A}{\mathrm{d}q_B}=0$, $WTP_B(q_A,q_B)=0$ 。

总体而言,当资源的初始配置量比较少,满足 $q_A+q_B\leqslant\frac{A-\gamma}{2}$,资源边际增加对下游企业而言,将会产生两方面的效应:一是企业自身资源增加带来产量增加,从而增加利润;二是资源被对手购买而导致自身利润的下降,此时资源的边际价格为 $A-\gamma-q^r$ 。如果资源的初始配置足够充裕,满足 $q_A+q_B>A-\gamma$,则资源边际增加的价值为 0。

如果资源初始配置量介于两者之间,即图 2.6 的两条边界线之间,则问题相对复杂。此时,如果资源的配置不均衡,即 (q_A,q_B) 处于区域Ⅱ或区域Ⅲ中,那么大的企业更有动力购买增加的资源但并不增加产量,从而达到控制资源型产品价格的目的。而且规模更大的企业对资源的边际支付意愿与该企业的自身规模正相关,即企业规模越大,支付意愿越高。而如果资源初始配置相对比较均衡,那么还需要进一步区分资源的数量。在这里的设定中,如果资源总量较少,即 $\frac{1}{2}(A-\gamma)<q_A+q_B\leqslant\frac{2}{3}(A-\gamma)$,则资源配置比较均衡,任何一个企业都愿意以 $A-\gamma-q^r$ 的价格购买边际增加的资源并投入到生产。如果资源总量较多,即 $\frac{2}{3}(A-\gamma)<q_A+q_B\leqslant A-\gamma$,那么,每个企业对增加的资源的边际支付意愿为 0。

若令 $q_B/q_A=\theta$,那么资源边际支付意愿可以写成资源供给总量 q^r 和规模结构 θ 的函数,记为 $WTP(q^r,\theta)$。不难计算,在 $\theta\leqslant1$ 的情况下($\theta>1$ 的情况完全对称),资源配置结构 (q_A,q_B) 处于区域 I,等价于 $q^r\leqslant\frac{\theta+1}{\theta+2}(A-\gamma)$,此时,$WTP(q^r,\theta)=A-\gamma-q^r$。如果资源配置结构 (q_A,q_B) 处于区域 III,则意味着 $\frac{\theta+1}{\theta+2}(A-\gamma)<q^r\leqslant\frac{\theta+1}{2\theta+1}(A-\gamma)$,在这种情况下,$WTP(q^r,\theta)=\frac{1}{\theta+1}q^r$。而当 $q^r>\frac{\theta+1}{\theta+2}(A-\gamma)$ 时,$WTP(q^r,\theta)=0$。我们可以将这个过程用图 2.7 更为直观地展现出来。

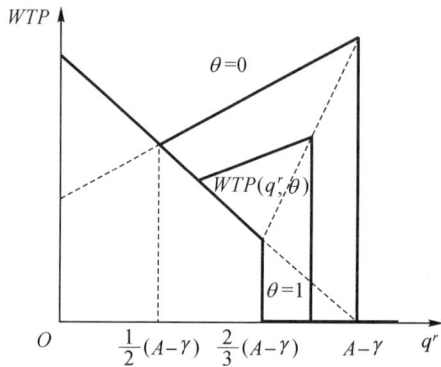

图 2.7　不同资源初始配置的资源边际支付意愿

图 2.7 中,当企业已经配置的资源总量小于 $\frac{1}{2}(A-\gamma)$ 的情况下,下游资源型产品生产企业对资源的支付意愿随着资源供给的增加而下降。此时,增加的资源供给会用于资源型产品的生产。但是资源增加到一定

程度,会出现增加的资源并不会被用于资源型产品的生产,而是作为资源储备。此时,大的企业有更大的动力(即更高的支付意愿),将购买增加的资源且将其作为储备而不增加产出。支付意愿随资源配置数量增加而增加。极端的,如果只有一个企业($\theta = 0$),那么当资源初始配置数量超过 $\frac{1}{2}(A - \gamma)$ 时,企业为了维持垄断地位,会购买增加的资源而不留给竞争对手,直到初始资源配置数量达到 $A - \gamma$ 之后,再增加产量不可能有任何利润的情况下,才会失去支付意愿(即 $WTP = 0$)。而如果两个企业的初始规模相同($\theta = 1$),那么在每个企业的初始规模低于 $\frac{1}{3}(A - \gamma)$ 的情况下,资源边际增加,每个企业的支付意愿均是 $A - \gamma - q^r$。而当两个企业的初始规模都超过 $\frac{1}{3}(A - \gamma)$ 时,则每个企业均不会再增加产量,因此支付意愿都是 0。其他不对称的初始资源配置下的资源边际支付意愿则处于这两者之间。

二、资源争夺

如果进一步考虑一种情况,就是资源初始配置给定且不增加资源,企业只能通过向对手购买资源才能增加产能。也就是说,企业面临着一种资源争夺的情境。在这种情况下,企业在购买资源的同时,会减少对手的产量,由此会增加企业的支付意愿。而在另一些情况下,企业甚至可能购买对手资源且并不用于生产,从而达到减少产量的目的。

按照前述的设定,假设下游资源型产品生产企业的初始资源配置为 (q_A, q_B),且 $q_A + q_B = q^r$ 保持不变。那么其中一家资源型产品生产企业从另一家企业购得资源后,并不改变市场上的总资源供给,也就是潜在的产能并不变化。这时,如果两个企业的所有资源都用于生产,即 $Q_A = q_A$,$Q_B = q_B$,很显然,此时意味着 $2q_A + q_B \leqslant A - \gamma$ 且 $2q_B + q_A \leqslant A - \gamma$,即初始资源配置组合 (q_A, q_B) 在图 2.6 的区域 I 中。不难计算,在这种情况下,两个企业都有相同的争夺资源的动力。实际上,两个企业相互从对方手中"挖"走资源的边际支付意愿均为:

$$WTP_A(q_A, q_B) = WTP_B(q_A, q_B) = A - \gamma - q^r \qquad (2.33)$$

这一结果与之前边际增加资源供给的情况相同。因为在资源边际供给增加的情况下,由于无论哪个企业获得资源,边际增加的资源都会投入到生产中去,因此每个企业都会考虑到自身不购买资源而会被对手获得资源并增加产出供给,从而给自己带来的利润损失。而这就相当于从对手手中把增加的资源购买过来所愿意支付的价格。

如果初始的资源配置并不均衡,且其中一个企业并未将全部资源投入生产,那么它是否会将闲置的资源卖给另一个企业,还是相反购买另一家企业的资源并闲置在那里? 为探究这个问题,我们假设 $q_A > q_B$,那么如果企业 B 的产量 $Q_B = q_B$,企业 A 的最优产量为 $Q_A = \dfrac{A - \gamma}{2} - \dfrac{Q_B}{2}$ 。如果 $Q_A < q_A$,则意味着 $2q_A + q_B > A - \gamma$ 。同时,给定企业 A 的产量为 $Q_A = \dfrac{A - \gamma}{2} - \dfrac{Q_B}{2}$,企业 B 的最优产量为 $Q_B = \dfrac{A - \gamma}{3}$ 。如果 $Q_B > q_B$,意味着 $q_B < \dfrac{A - \gamma}{3}$ 。此时,A 企业从 B 企业"挖走"资源的边际支付意愿为:

$$WTP_A(q_A, q_B) = \frac{A - \gamma - q_B}{2} \tag{2.34}$$

而 B 企业从 A 企业"挖走"资源的边际支付意愿为:

$$WTP_B(q_A, q_B) = \frac{A - \gamma}{2} - q_B \tag{2.35}$$

很显然, $WTP_A(q_A, q_B) > WTP_B(q_A, q_B)$ 。此时更大的企业会出更高的价格争夺小企业的资源。因为,当资源从小企业流向大企业之后,大企业可以闲置资源从而达到控制产量的目的。而通过产量的控制,从而达到对价格的控制,这对大企业的收益更大。相比较而言,小企业从大企业购得资源之后仍然会用于投入生产,因而达不到限产提价的目的。而且,限产提价对小企业的收益低于大企业。因此,总体上,在这一初始资源配置情况下,大企业会以更高的支付意愿从小企业手中购走资源,并且将资源闲置,从而达到限制最终资源型产品产量的目的。

如果初始资源配置均比较充裕,且每个企业都有闲置的资源未投入于生产,那么此时,一个企业边际上从另一个企业购得资源并不改变资源型产品市场的结构,而增加的资源也并不投入于生产。在本书的设定下,由于闲置资源没有其他价值,因此,每个企业的支付意愿均为 0。

我们可以用图 2.8 进一步说明上述的资源初始配置结构与支付意愿之间的关系。图中,当资源初始量处于区域Ⅰ,即资源总量比较少且配置比较均衡时,两个企业都不会闲置资源,都有动力从对手手中挖来资源并用于生产的激励,但是它们对资源的边际支付意愿相等,为 $A-\gamma-q^r$,与资源配置结构无关,只与资源总量负相关。当资源配置结构处于区域Ⅱ或者区域Ⅲ,即资源总量较多且初始配置结构不均衡时,大企业希望减少产量而小企业希望增加产量。此时大企业会有动力从对手手中购买资源并将其闲置。由于资源供给总量是固定的,闲置更多的资源意味着总产量的下降,在这种情况下,价格的上升更有利于大企业。而小企业则从对手购得资源后还会投入于企业自身的生产,因此资源的再配置没有达到减产提高价格的结果。在这种情况下,资源对小企业的价值就是边际产出的收益。因此,在这种资源初始配置结构下,资源将会从小企业流向大企业,资源的边际价格与小企业的规模负相关,即小企业规模越小,大企业越有动力购买小企业的资源(产能),并将其闲置以达到控制产量的目的。最后,如果资源初始配置结构位于区域Ⅳ,即资源总量较多且比较均衡,在这种情况下,每个企业都有闲置资源,因此边际上,每个企业均没有从对手手中"挖"资源的动力。

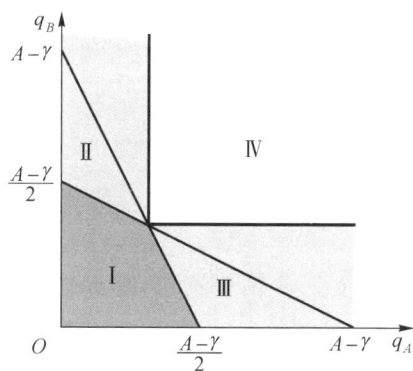

图 2.8　初始资源配置对支付意愿的影响:资源争夺的情形

三、纵向联合与纵向控制

上下游的企业,有时候可以通过纵向联合或者一体化的形式,改变市场结构,从而影响资源及资源型产品的价格。为便于分析,我们首先讨论在一个 1×2 的市场结构中,一个上游资源开采企业和一个下游资源型产品生产企业的联合(一体化)问题。如图 2.9 所示,上游资源开采企业与下游资源型产品生产企业 A 实施纵向联合,然后对 B 企业定价,最终满足市场需求。

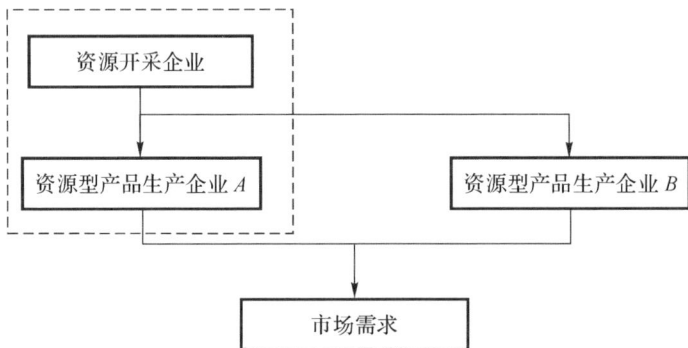

图 2.9 1×2 市场的纵向联合

在这一框架中,一体化的企业既可以停止向企业 B 出售资源,从而达到垄断目的,也可以以价格 p^r 向企业 B 出售资源。如果不向企业 B 出售资源,那么一体化的企业获得垄断地位,其资源型产品的垄断价格和企业的垄断利润分别为:

$$p^m = c + \gamma_A + \frac{A - c - \gamma_A}{2}$$

$$\pi^m = \frac{(A - c - \gamma_A)^2}{4} \tag{2.36}$$

如果以 p^r 的价格向企业 B 销售资源,那么在最终产品市场上,企业 A 和企业 B 的产量分别为:

$$Q_A = \frac{1}{3}(A - 2\gamma_A - 2c + p^r + \gamma_B)$$

$$Q_B = \frac{1}{3}(A - 2\gamma_B - 2p^r + c + \gamma_A) \tag{2.37}$$

此时,资源型产品的最终价格为:

$$p = \frac{1}{3}(A + \gamma_A + \gamma_B + c + p^r) \qquad (2.38)$$

所以对于一体化的企业而言,其总利润为:

$$\begin{aligned}
\pi(p^r) &= Q_A \cdot (p - \gamma_A - c) + Q_B \cdot (p^r - c) \\
&= \frac{1}{9}(A - 2\gamma_A - 2c + p^r + \gamma_B)^2 \\
&\quad + \frac{1}{3}(A - 2\gamma_B - 2p^r + c + \gamma_A)(p^r - c) \qquad (2.39)
\end{aligned}$$

此时,一体化企业向企业 B 销售资源的最优价格为:

$$p^r = \frac{A - \gamma_B + c}{2} - \frac{\gamma_A - \gamma_B}{10} \qquad (2.40)$$

代入式(2.39)可以得到此时的利润为:

$$\pi = \frac{(A - c - \gamma_A)^2}{4} + (\gamma_A - \gamma_B)(A - c - \gamma_A) + \frac{13}{25}(\gamma_A - \gamma_B)^2$$

$$(2.41)$$

对照这个利润与 π^m,可以看到,如果 $\gamma_A \geqslant \gamma_B$,则恒有 $\pi \geqslant \pi^m$。也就是说,只要未被一体化的企业生产效率不低于被一体化的企业,那么,纵向一体化的企业就会向竞争对手销售资源。反之,由于 $Q_B \geqslant 0$,意味着 $p^r \leqslant \frac{A - \gamma_B + c}{2}$。因此,如果 $\gamma_A > \gamma_B$,则有 $p^r > \frac{A - \gamma_B + c}{2}$,也就是 $Q_B = 0$。也就是说,如果对手效率低于一体化企业的生产效率,那么纵向一体化的企业就不会向对手销售资源。

反过来观察式(2.40)并对比式(2.23),可以看到,资源价格与一体化企业的资源型产品生产成本(γ_A)负相关,即一体化企业的资源型产品生产成本越高,则资源的价格应该越低。但是,与竞争对手(未一体化企业)的资源型产品生产成本(γ_B)正相关,即竞争对手生产成本越高,则资源的价格越高。其背后的逻辑是,当一体化企业自身成本较高时,资源由竞争对手加工生产成为资源型产品,获得的市场剩余更大,而一体化企业从中分得的利润会更高。因此通过降低资源价格,掌握资源的企业可以采用增加向竞争对手销售资源,同时减少自身企业的生产规模的手段,增加自身总收益。相反,如果竞争对手的资源型产品生产成本升高,则通过增加对手产量来增加一体化企业的利润不足以弥补一体化企业自身因市场份额减少带来的利润下降。此时,企业会更为敏感地提高资源价格,控制对手的产量。

实际上,一体化企业还可以通过进一步的策略性行为,控制未一体化企业的产量,并以此提高自身的利润。例如,一体化企业可以进一步控制向竞争对手销售的资源数量,来达到控制市场的目的。假设一体化企业给未一体化的资源型产品生产企业 B 提供的资源价格和数量分别为 p^r 和 q_B ,那么,在最终资源型产品市场上, B 企业的产量固定为 q_B ,则一体化的企业在资源型产品市场上的利润为 $\frac{1}{4}(A-c-\gamma_A-q_B)^2$ 。而此时, B 企业的利润为 $\left[\frac{1}{2}(A+c+\gamma_A-q_B)-\gamma_B-p^r\right] \cdot q_B$ 。因此,一体化企业的最优决策问题变成:

$$\max_{q_B, p^r} \frac{1}{4}(A-c-\gamma_A-q_B)^2 + p^r q_B$$

$$\text{s.t.} \left[\frac{1}{2}(A+c+\gamma_A-q_B)-\gamma_B-p^r\right] \cdot q_B \geqslant 0 \qquad (2.42)$$

不难解得:

$$q_B = \frac{2}{3}(A-\gamma_B)$$

$$p^r = \frac{1}{6}(A+3c+3\gamma_A-4\gamma_B) \qquad (2.43)$$

在这个策略中,资源的价格与一体化企业自身的资源型产品生产成本正相关,与未一体化企业的资源型产品生产成本负相关。由于一体化企业销售给未一体化企业的资源价格高低决定了未一体化企业所能购买的资源数量,从而也决定了在资源型产品市场上,未一体化企业所能销售的数量。一方面,这一数量越大,一体化企业面临的竞争压力就越大,即最后出清市场的价格就越低,同时也意味着一体化企业销售资源的价格越低。但另一方面,一体化企业制定的资源销售价格—数量策略,实际上是攫取了未一体化企业的所有生产者剩余。而未一体化企业的生产者剩余数量是与其生产成本直接相关的,未一体化企业资源型产品生产成本越高,则意味着其生产者剩余越少。因此,企业应该减少向其销售资源的数量。但是,由于未一体化企业的参与约束,其生产成本越高,意味着必须降低资源售价来维持其参与约束,这又使得资源的价格随未一体化企业的生产成本上升而下降。而且后者的效应超过了前者,使得总体上,一体化企业的资源售价与未一体化企业的生产成本负相关。

最后我们将上述的纵向一体化推广到 $1\times(N+1)$ 的情形。即一家上游资源开采企业和 $N+1$ 家下游资源型产品生产企业。其中一家资源型产品生产企业(记为 A)与上游资源开采企业实现纵向联合(一体化),并以 p^r 的价格向其他 N 家资源型产品生产企业销售资源。记 γ 和 q 分别为其他 $N+1$ 个(同质的)资源型产品生产企业的生产成本和产量。那么不难计算,在资源型产品市场上产量竞争的均衡为:

$$Q_A = \frac{1}{N+2}[A + N(p^r+\gamma) - (N+1)(\gamma_A+c)]$$

$$q = \frac{1}{N+2}[A + \gamma_A + c - 2(p^r+\gamma)] \qquad (2.44)$$

此时,资源型产品的市场价格为:

$$p = \frac{1}{N+2}[A + \gamma_A + c + N(p^r+\gamma)] \qquad (2.45)$$

一体化企业的总利润可以写成:

$$\pi(p^r) = \frac{1}{(N+2)^2}[A + N(p^r+\gamma) - (N+1)(\gamma_A+c)]^2$$
$$+ \frac{N}{N+2}[A + \gamma_A + c - 2(p^r+\gamma)](p^r-c) \qquad (2.46)$$

不难得到利润最大化的资源型产品定价为:

$$p^r = \frac{A-\gamma+c}{2} - \frac{N}{2N+8}(\gamma_A - \gamma) \qquad (2.47)$$

对照这一结果与式(2.40)的结果可以看到,当 $N=1$ 时,式(2.47)就等于式(2.40)。从式(2.47)的结果来看,一体化企业的资源售价与市场结构有关。与 1×2 市场相似的,如果 $\gamma_A \leqslant \gamma$,则 $p^r \geqslant \frac{A-\gamma+c}{2}$ $+ \frac{1}{2}(\gamma_A - \gamma)$,也就是 $q=0$。换句话说,如果未一体化企业的生产效率

低于一体化企业,那么一体化企业应该停止向其他企业供应资源,以保持其在资源型产品的垄断地位;否则,则会向其他非一体化企业销售资源,并在最终资源型产品市场上形成竞争。资源销售价格除了与两者的效率之差相关外,还与下游竞争市场结构相关。下游资源型产品市场竞争越激烈(即 N 越大),那么资源定价就越低。这是因为竞争越激烈,未一体化企业对资源需求的价格弹性越大,在这种情况下,适当降低价格可以获得更多的资源销售利润,而随着竞争加剧,竞争对手成本下降对一体化企业在资源型产品市场上的利润侵蚀则减少。因此,一体化企业会选择降低资源销售价格来提高利润。

第五节 本章小结

本章我们通过一个简单的纵向关系的模型,讨论了资源和资源型产品的价格决定及其变动。结果发现,(1)资源和资源型产品的价格与资源存储量和资源型产品的加工成本有关。而且随着资源存储量的下降,资源供给的价格弹性下降,资源型产品的价格波动加剧。(2)考虑企业的库存和投机,市场需求的波动会进一步助推资源和资源型产品的价格和波动。(3)在纵向关联的市场中,双重边际化导致资源型产品价格上升和资源配置的扭曲。纵向一体化有助于降低资源和资源型产品价格。同时上下游市场的竞争程度增加,也有助于降低各自市场的价格和减少资源配置扭曲。(4)考虑到纵向市场的策略性行为,我们发现资源配置结构会影响资源价格。资源争夺会导致资源的价格超过资源本身的边际产出,而成为维持或者改变市场结构的竞争手段。(5)纵向联合情况下,下游市场竞争加剧,并不会推高资源价格。

第三章　资源型产品价格管制:可能的工具

本章我们主要讨论资源型产品的不同管制政策及其效应。产业管制政策及其组合是一个长期讨论的经典话题,不同的管制政策会产生不同的资源配置,从而形成不同的政策效应。一般而言,基本的价格管制政策工具包括三个方面:一是价格管制,即政策直接作用于价格;二是数量管制,即政策直接作用于需求或供给的数量;三是进入管制,即政策直接作用于生产者的数量。这些政策都直接或者间接地影响价格,并进而影响资源的配置。现实中的价格管制政策五花八门,但是究其最终的政策落脚点而言,无外乎上述三个方面。已有的研究尽管已就这些政策的效应进行了比较充分的讨论,但是基于纵向关联视角的讨论却相对较少。对于资源型产品生产行业而言,面临着资源和资源型产品上下游联动的问题,因此管制工具的传导机制可能更为复杂,效应也可能更为不确定。

第一节　直接价格控制

在所有的价格管制政策中,直接价格控制是最为直接强制的介入手段。所谓直接价格控制,一般包含两种政策工具:一种是政府直接定价,企业没有任何定价权。比较常见的如我国的成品油定价,大部分的公共事业定价。另一种是政府规定一个价格变动区间,企业在这个价格区间中有自主定价权。价格区间具体又分为三种:一是规定最高限价;二是规定最低限价;三是规定一个指导价和围绕指导价上下波动的区间。不管哪种政策工具,直接价格控制必定导致短期市场无法出清和隐形价格出现。所谓隐形价格是指存在于价格之外的,却为供需双方中至少一方所承担的成本,该成本的功能旨在解决限制价格所无法出清市场供需造成的不均衡问题。

经典的微观理论认为,直接价格控制会造成市场的供需缺口,供过于求或者供不应求,在这种情况下,必须有价格之外的成本来出清市场。这些成本包括排队、寻租等。但是,如果进一步考虑纵向市场结构,那么直接的价格管制可能会带来进一步的效应,尤其是价格的上下游转嫁,并进而影响上下游企业的决策。

我们以简单的 1×2 纵向市场结构为例来考察直接价格控制的市场效应。企业技术和市场需求设定与前一章一致。首先假设资源型产品市场受到政府价格管制,我们分别讨论政府对资源型产品直接定价和最高限价两种情形。

一、直接定价

当政府对资源型产品进行直接定价时(假设定价为 p_G),市场对资源型产品的需求为 $Q = A - p_G$。此时,两个资源型产品生产企业既不存在价格竞争,也不存在数量竞争。当资源价格 $p^r \leqslant p_G - \gamma$ 时,两个企业都会有动力提供正的产量并出清市场,当 $p^r > p_G - \gamma$ 时,资源型产品生产企业没有任何动力提供资源型产品。所以,对于上游资源开采企业而言,如果 $p_G - \gamma \geqslant c$,其制定的价格为 $p^r = p_G - \gamma$。此时,资源开采企业的利润为 $(p_G - \gamma - c)(A - p_G)$,资源型产品生产企业利润为零,而消费者的剩余为 $\frac{1}{2}(A - p_G)^2$。最大化社会剩余意味着政府对资源型产品的最优定价为:

$$p_G = \gamma + c \tag{3.1}$$

如果政府对资源进行直接定价(假定价格为 p_G^r),那么只要 $p_G^r \geqslant c$,资源开采企业就有动力向下游企业提供资源。下游资源型产品生产企业数量竞争的结果是:

$$Q_A = Q_B = \frac{1}{3}(A - \gamma - p_G^r) \tag{3.2}$$

资源型产品的市场价格为 $\gamma + p_G^r + \frac{1}{3}(A - \gamma - p_G^r)$,所以整个市场的

总剩余为:

$$SW = \frac{4}{9}(A - \gamma - p_G^r)^2 + \frac{2}{3}(A - \gamma - p_G^r)(p_G^r - c) \tag{3.3}$$

很显然,最优的资源管制价格为:

$$p_G^r = c \tag{3.4}$$

而资源型产品最终市场价格为 $\frac{1}{3}(A + 2\gamma + 2c)$,此时市场总剩余为 $\frac{4}{9}(A - \gamma - c)^2$。比较政府这两种不同管制模式,不难发现,对资源型产品的直接定价可以获得更高的社会总剩余。因为此时政府可以将最终资源型产品价格决定在边际成本的水平,从而使得资源配置不存在任何的扭曲。但是,当政府控制上游资源价格的时候,下游资源型产品生产企业的垄断势力会产生新的扭曲。

不过,直接的价格控制往往面临市场信息不足的掣肘。在市场信息完全的情况下,政府可以制定使得社会总剩余最大化的价格,来配置各方资源。但市场信息不完全时,这种努力往往是徒劳的,甚至会产生更差的结果。为考察这一点,我们假设下游两家企业生产资源型产品的边际成本各有 $1/2$ 的可能性为 γ_H 和 γ_L,且 $\gamma_H > \gamma_L > 0$。而上游资源开采企业的边际成本是确定的。在这种情况下,若对上游企业进行直接定价(政府定价为 p_G^r),那么下游市场的价格有 $1/2$ 的可能性为 $\frac{1}{3}(A + 2p_G^r + \gamma_H + \gamma_L)$,各有 $1/4$ 的可能性分别为 $\frac{1}{3}(A + 2p_G^r + 2\gamma_H)$ 和 $\frac{1}{3}(A + 2p_G^r + 2\gamma_L)$。此时,预期总社会剩余为:

$$
\begin{aligned}
SW = {} & \frac{1}{9}\left(A - p_G^r - \frac{\gamma_H + \gamma_L}{2}\right)^2 + \frac{1}{18}(A - p_G^r - 2\gamma_H + \gamma_L)^2 \\
& + \frac{1}{18}(A - p_G^r - 2\gamma_L + \gamma_H)^2 \\
& + \frac{2}{3}(p_G^r - c)\left(A - p_G^r - \frac{\gamma_H + \gamma_L}{2}\right) \\
& + \frac{1}{9}(A - p_G^r - \gamma_H)^2 + \frac{1}{9}(A - p_G^r - \gamma_L)^2
\end{aligned}
$$

因此,最优的政府定价为:

$$p_G^r = c$$

那么社会总剩余为:

$$SW = \frac{4}{9}(A - c - \gamma_H)^2 + \frac{4}{9}(A - c - \gamma_H)(\gamma_H - \gamma_L)$$
$$+ \frac{5}{12}(\gamma_H - \gamma_L)^2 \tag{3.5}$$

如果对下游资源型产品直接定价(价格为 p_G),此时市场需求为 $A - p_G$,消费者剩余为 $\frac{1}{2}(A - p_G)^2$。对于上游资源开采企业而言,存在三种可能的定价策略:一是低价策略,即对资源定价满足 $p^r \leqslant p_G - \gamma_H$,则可以保证满足市场需求的生产存在。此时上游资源开采企业的最优定价为 $p^r = p_G - \gamma_H$,其利润为 $(p_G - \gamma_H - c)(A - p_G)$。二是中间定价策略,即上游资源开采企业对资源定价满足 $p_G - \gamma_H < p^r \leqslant p_G - \gamma_L$。当下游企业的生产效率为 γ_H 时,则不会进入市场,因此存在 1/4 的可能性市场没有任何需求。此时,上游资源型企业的最优定价为 $p^r = p_G - \gamma_L$,其期望利润为 $\frac{3}{4}(p_G - \gamma_L - c)(A - p_G)$。三是高价策略,即 $p^r > p_G - \gamma_L$,此时所有类型的下游资源型产品生产企业都不进入市场。此定价策略是严格不占优的策略,因此不会被采用。比较前两种策略,不难计算,如果最终产品定价比较高,满足 $\gamma_H - \gamma_L \leqslant \frac{1}{3}(p_G - \gamma_H - c)$,那么最终资源开采企业的定价为 $p^r = p_G - \gamma_H$,此时,市场总剩余为: $\frac{1}{2}(A - p_G)^2 + (p_G - \gamma_H - c)(A - p_G) + \frac{1}{2}(\gamma_H - \gamma_L)(A - p_G)$。对于政府而言,最优的管制价格为:

$$p_G = 4\gamma_H - 3\gamma_L + c$$

从而最终可获得的市场总剩余为:

$$SW = \frac{1}{2}(A - c - \gamma_H)^2 + \frac{1}{2}(A - c - \gamma_H)(\gamma_H - \gamma_L)$$
$$- 6(\gamma_H - \gamma_L)^2 \tag{3.6}$$

而如果最终产品定价比较低，满足 $\gamma_H - \gamma_L \geqslant \frac{1}{3}(p_G - \gamma_H - c)$，那么资源开采企业对资源的定价为 $p^r = p_G - \gamma_L$。此时，有 1/4 的可能性会发生市场没有交易的情况。在这种情况下，市场总剩余为 $\frac{3}{8}(A - p_G)^2 + \frac{3}{4}(p_G - \gamma_L - c)(A - p_G)$。政府最优管制价格为：

$$p_G = \gamma_L + c \tag{3.7}$$

从而最终可获得的市场总剩余为：

$$SW = \frac{3}{8}(A - c - \gamma_H)^2 + \frac{3}{4}(A - c - \gamma_H)(\gamma_H - \gamma_L)$$
$$+ \frac{3}{8}(\gamma_H - \gamma_L)^2 \tag{3.8}$$

比较式（3.6）和式（3.8）不难计算，当 $\frac{A - c - \gamma_H}{\gamma_H - \gamma_L} \leqslant 1 + 2\sqrt{13}$ 时，有式（3.8）的总剩余超过式（3.6）的总剩余。而比较式（3.5）和式（3.6）则可以算得，当 $\frac{A - c - \gamma_H}{\gamma_H - \gamma_L} \leqslant \frac{1 + \sqrt{403}}{2}$ 时，有式（3.5）的总剩余超过式（3.6）的总剩余。同样的，比较式（3.5）和式（3.8）可以得到，当 $\frac{A - c - \gamma_H}{\gamma_H - \gamma_L} \leqslant \frac{11 + \sqrt{106}}{5}$ 时，有式（3.8）的总剩余超过式（3.5）的总剩余。由于 $\frac{11 + \sqrt{106}}{5} \leqslant 1 + 2\sqrt{13} \leqslant \frac{1 + \sqrt{403}}{2}$，则可以看到，当 $\frac{A - c - \gamma_H}{\gamma_H - \gamma_L} \leqslant \frac{11 + \sqrt{106}}{5}$ 时，对下游资源型产品市场采取直接价格管控，并且将价格设定在 $p_G = \gamma_L + c$ 是最优的选择。如果 $\frac{11 + \sqrt{106}}{5} \leqslant \frac{A - c - \gamma_H}{\gamma_H - \gamma_L} \leqslant \frac{1 + \sqrt{403}}{2}$，那么对上游资源开采企业进行价格管制，并将价格设定在 $p_G^r = c$ 是最优的政策。如果 $\frac{A - c - \gamma_H}{\gamma_H - \gamma_L} \geqslant \frac{1 + \sqrt{403}}{2}$，则对下游资源型产品生产企业进行直接价格管控，并将价格设定在 $p_G = 4\gamma_H - 3\gamma_L + c$ 是最优

的政策(见图 3.1)。

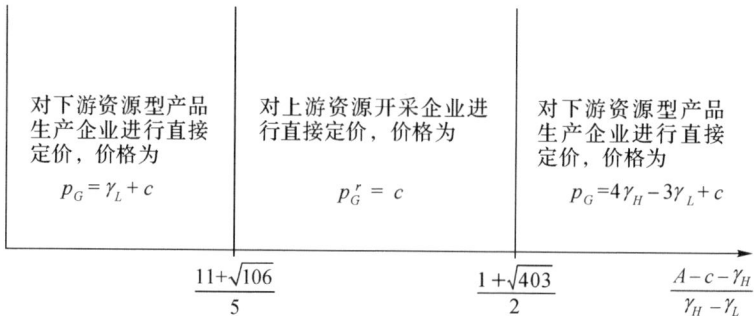

对下游资源型产品生产企业进行直接定价，价格为
$$p_G = \gamma_L + c$$

对上游资源开采企业进行直接定价，价格为
$$p_G^r = c$$

对下游资源型产品生产企业进行直接定价，价格为
$$p_G = 4\gamma_H - 3\gamma_L + c$$

$$\frac{11+\sqrt{106}}{5} \qquad \frac{1+\sqrt{403}}{2} \qquad \frac{A-c-\gamma_H}{\gamma_H-\gamma_L}$$

图 3.1　下游资源型产品生产企业不同效率组合与最优价格管制

考虑到 $\frac{A-c-\gamma_H}{\gamma_H-\gamma_L}$ 的大小主要由 $\gamma_H-\gamma_L$ 决定,也即下游资源型产品生产企业的异质性所决定,如果下游资源型产品生产企业的异质性很大或者很小,意味着在 $\gamma_H-\gamma_L$ 足够大或者足够小的情况下,管制当局应该对下游资源型产品生产企业进行直接价格控制。具体而言,如果下游资源型产品生产企业的异质性比较大,那么管制当局应该采取较为严厉的价格管制政策,即将资源型产品价格定在比较低的水平,以使得低效率的企业退出市场。而如果下游资源型产品生产企业的异质性足够小,则管制当局对下游资源型产品应采取较为宽松的直接价格控制,即允许效率较低的企业也进入市场从事生产。当资源型产品生产企业的异质性介于两者之间时,则管制当局应该转向对上游资源开采企业的价格管制。

二、最高限价

如果政府不直接定价,转而进行对价格波动的管制,特别是进行最高限价,那么会对企业行为和资源配置带来什么影响? 在单一市场情况下,最高限价会导致供不应求和排队寻租等非效率事件发生,而在纵向关联的市场上,则会进一步传导到另一个市场,从而形成更为复杂的局面。

在确定的情况下,最高限价等同于直接定价。因为政府的限价使得企业价格无法超过时,相当于政府制定了一个固定的价格。但是在不确定的情况下,最高限价则可能会出现实际价格低于限价的情形,政府的限价只是在某些情景下发生作用。我们分两种情况来讨论这个机制:第一种情况是假设需求面临不确定,政府在无法准确预知需求的情况下作出相关的价格限制;第二种情况是假设企业生产的边际成本面临不确定。

在第一种情况下,假设市场需求 $Q = A - p$,其中 A 有 ρ 的可能性为 A_H 和 $1 - \rho$ 的可能性为 A_L,且 $A_H > A_L > 0$。不管上游资源开采企业还是下游资源型产品生产企业,在决定价格之前并不能知道市场需求的确切信息。纵向市场结构仍然假设为 1×2,上游资源开采企业的边际成本仍然为 c,下游资源型开采企业资源型产品生产成本为 γ。各主体的行动顺序如下:

·政府针对某一市场(上游资源开采企业或者下游资源型产品生产企业)制定一个最高价格,受管制企业的产品售价不能超过该价格。

·上游资源开采企业决定资源供给价格,若受管制,则制定的售价不超过管制价格。

·下游资源型产品生产企业按照上游资源开采企业资源定价,决定产量。

·市场需求信息揭晓,下游资源型产品生产企业实现销售。

首先我们假设政府只针对上游资源开采企业进行最高价格管制,管制价格为 $\bar{p_G}$。对上游资源开采企业而言,面临两种选择,或者按照管制最高限价制定价格,或者制定一个低于该最高限价的价格(记为 $p^r \leqslant \bar{p_G}$)。由于下游资源型产品生产企业作出生产决策前,没有任何增加的关于市场需求的信息,因此对于给定的上游资源价格 p^r,下游资源型产品生产企业的产量为:

$$Q_A = Q_B = \frac{1}{3}\left[\rho A_H + (1 - \rho)A_L - \gamma - p^r\right] \tag{3.9}$$

那么上游资源开采企业的定价为:

$$p^r = \min\left[\frac{\rho A_H + (1 - \rho)A_L - \gamma + c}{2}, \bar{p_G}\right] \tag{3.10}$$

如果 $\bar{p_G} \geqslant \dfrac{\rho A_H + (1 - \rho)A_L - \gamma + c}{2}$,那么 $p^r = \dfrac{\rho A_H + (1 - \rho)A_L - \gamma + c}{2}$。

此时,下游资源型产品生产企业的期望利润为 $\pi_A = \pi_B = \frac{1}{36}[\rho A_H + (1-\rho)A_L - \gamma - c]^2$。上游资源开采企业的利润为:$\pi^r = \frac{1}{6}[\rho A_H + (1-\rho)A_L - \gamma - c]^2$。消费者剩余为:$\frac{1}{18}[\rho A_H + (1-\rho)A_L - \gamma - c]^2$。因此可以得到社会总剩余为:

$$SW = \frac{5}{18}[\rho A_H + (1-\rho)A_L - \gamma - c]^2 \tag{3.11}$$

如果 $\overline{p_G^r} < \frac{\rho A_H + (1-\rho)A_L - \gamma + c}{2}$,那么 $p^r = \overline{p_G^r}$。此时,下游资源型产品生产企业的利润为 $\pi_A = \pi_B = \frac{1}{9}[\rho A_H + (1-\rho)A_L - \gamma - \overline{p_G^r}]^2$,上游资源开采企业的利润为 $\pi^r = \frac{1}{3}[\rho A_H + (1-\rho)A_L - \gamma - \overline{p_G^r}](\overline{p_G^r} - c)$。消费者剩余为 $\frac{1}{2}[\rho A_H + (1-\rho)A_L - \gamma - \overline{p_G^r}]^2$。因此,社会总剩余为:

$$SW = \frac{13}{18}[\rho A_H + (1-\rho)A_L - \gamma - \overline{p_G^r}]^2$$
$$+ \frac{1}{3}[\rho A_H + (1-\rho)A_L - \gamma - \overline{p_G^r}](\overline{p_G^r} - c)$$

不难计算,此时总剩余最大化的最高限价为 $\overline{p_G^r} = c$。而且,考虑到在 $\rho A_H + (1-\rho)A_L - \gamma - c > 0$ 满足的情况下,有 $\overline{p_G^r} = c < \frac{\rho A_H + (1-\rho)A_L - \gamma + c}{2}$。在这个最高限价下,最终获得的总剩余为:

$$SW = \frac{13}{18}[\rho A_H + (1-\rho)A_L - \gamma - c]^2 \tag{3.12}$$

显然,后一种情况下的总剩余超过了前一种情况的社会总剩余。也就是说,政府在对上游资源开采企业进行最高限价时,应该制定的最高限价为 $\overline{p_G^r} = c$,即控制上游资源开采企业的所有成本加成,使得上游资源开采企业即使垄断也不能制定任何获得垄断利润的价格,从而尽可能地抑制因垄断造成的价格扭曲。

如果政府的最高限价针对的是下游资源型产品生产企业,假设其对资源型产品的最高限价为 $\bar{p}_G$,那么在给定上游资源开采企业的资源售价 p^r 的情况下,两个企业的决策相对复杂。由于在企业作产量决策之前并不知晓具体的市场需求信息,那么最终的市场价格存在三种可能性,$\bar{p}_G$,$A_H - Q_A - Q_B$ 或者 $A_L - Q_A - Q_B$。如果 $\bar{p}_G \leqslant A_L - Q_A - Q_B$,那么此时不管市场需求如何,最终市场价格为 $\bar{p}_G$。那么在 $\bar{p}_G \geqslant \gamma + p^r$ 的情况下,下游两个资源型产品生产企业都愿意生产产品,而且生产的产品数量越多,其利润越大。此时,两个企业生产的产品总量应该满足 $A_L - \bar{p}_G \leqslant Q_A + Q_B \leqslant A_H - \bar{p}_G$。即,两个资源型产品生产企业的产量不会超过市场最高的需求量,但也不会低于市场的最低需求量。不难计算,当 $\rho \bar{p}_G \geqslant \gamma + p^r$,那么 $Q_A + Q_B = A_H - \bar{p}_G$,否则 $Q_A + Q_B = A_L - \bar{p}_G$。

如果 $A_L - Q_A - Q_B \leqslant \bar{p}_G \leqslant A_H - Q_A - Q_B$,那么在市场需求高的时候,最高限价发生作用;在市场需求低的时候,最高限价失效。企业的预期利润分别为:

$$\begin{aligned}
\pi_A &= \rho(\bar{p}_G - \gamma - p^r)Q_A \\
&\quad + (1-\rho)(A_L - \gamma - p^r - Q_A - Q_B)Q_A \\
\pi_B &= \rho(\bar{p}_G - \gamma - p^r)Q_B \\
&\quad + (1-\rho)(A_L - \gamma - p^r - Q_A - Q_B)Q_B
\end{aligned} \tag{3.13}$$

不难计算:

$$Q_A = Q_B = \frac{(1-\rho)A_L + \rho \bar{p}_G - (\gamma + p^r)}{3(1-\rho)} \tag{3.14}$$

此时,若 $A_L - \bar{p}_G \leqslant \dfrac{2}{3} \cdot \dfrac{(1-\rho)A_L + \rho \bar{p}_G - (\gamma + p^r)}{1-\rho} \leqslant A_H - \bar{p}_G$,即

$\dfrac{(1-\rho)A_L + 2(\gamma + p^r)}{3-\rho} \leqslant \bar{p}_G \leqslant \dfrac{(1-\rho)(3A_H - 2A_L) + 2(\gamma + p^r)}{3-\rho}$,那么

该结果就成为一个均衡。否则,若 $\dfrac{2}{3} \cdot \dfrac{(1-\rho)A_L + \rho \bar{p}_G - (\gamma + p^r)}{1-\rho} >$

$A_H - \bar{p}_G$,即 $\bar{p}_G > \dfrac{(1-\rho)(3A_H - 2A_L) + 2(\gamma + p^r)}{3-\rho}$ 时,有 $Q_A + Q_B = A_H$

$- \bar{p}_G$,以及 $\dfrac{2}{3} \cdot \dfrac{(1-\rho)A_L + \rho \bar{p}_G - (\gamma + p^r)}{1-\rho} < A_L - \bar{p}_G$,即 $\bar{p}_G <$

$\dfrac{(1-\rho)A_L + 2(\gamma + p^r)}{3-\rho}$ 时,有 $Q_A + Q_B = A_L - \bar{p}_G$。

再则,如果 $\bar{p}_G > A_H - Q_A - Q_B$,意味着政府限价失去作用。此时:

$$Q_A = Q_B = \frac{\rho A_H + (1-\rho)A_L - (\gamma + p^r)}{3} \tag{3.15}$$

如果 $\bar{p}_G > A_H - \frac{2}{3}[\rho A_H + (1-\rho)A_L - (\gamma + p^r)]$,则该结果也是可维持的均衡。

综上,我们可以得到在给定资源价格 p^r 时,不同资源型产品政府限价情况下的资源型产品生产企业的产量策略。

如果 $\bar{p}_G > A_H - \frac{2}{3}[\rho A_H + (1-\rho)A_L - (\gamma + p^r)]$,那么均衡的产量是 $Q_A = Q_B = \frac{\rho A_H + (1-\rho)A_L - (\gamma + p^r)}{3}$。此时,价格限制不发生作用。

如果 $\frac{(1-\rho)A_L + 2(\gamma + p^r)}{3-\rho} \leqslant \bar{p}_G \leqslant \frac{(1-\rho)(3A_H - 2A_L) + 2(\gamma + p^r)}{3-\rho}$,那么均衡的产量是 $Q_A = Q_B = \frac{(1-\rho)A_L + \rho\bar{p}_G - (\gamma + p^r)}{3(1-\rho)}$。此时,当市场需求大的时候,最高限价发挥作用;市场需求小的时候,市场价格发挥作用。

如果 $\bar{p}_G < \frac{(1-\rho)A_L + 2(\gamma + p^r)}{3-\rho}$,有 $Q_A + Q_B = A_L - \bar{p}_G$。此时,不管市场需求如何,都执行最高限价。需要注意的是,由于 $\frac{(1-\rho)A_L + 2(\gamma + p^r)}{3-\rho} \geqslant \frac{\gamma + p^r}{\rho}$,这意味此处的条件也包含了 $\rho\bar{p}_G \leqslant \gamma + p^r$ 的情形,因此,$Q_A + Q_B = A_L - \bar{p}_G$ 得以维持。

按照子博弈精炼纳什均衡的定义,此时对于上游资源开采企业而言,其对应的最优定价分别为:

当 $\bar{p}_G > A_H - \frac{2}{3}[\rho A_H + (1-\rho)A_L - (\gamma + p^r)]$,那么按照前章的分析可知此时 $p^r = \frac{\rho A_H + (1-\rho)A_L - \gamma + c}{2}$。当市场需求足够大时,资源型产品的市场价格为 $\frac{1}{3}[(3-\rho)A_H - (1-\rho)A_L + \gamma + c]$。当市场需求足够小时,资源型产品的市场价格为 $\frac{1}{3}[(2+\rho)A_L - \rho A_H + \gamma + c]$。因此,维持该结果

均衡的管制价格为 $\bar{p}_G > \dfrac{1}{3}\left[(3-\rho)A_H - (1-\rho)A_L + \gamma + c\right]$。

当 $\dfrac{(1-\rho)A_L + 2(\gamma + p^r)}{3-\rho} \leqslant \bar{p}_G \leqslant \dfrac{(1-\rho)(3A_H - 2A_L) + 2(\gamma + p^r)}{3-\rho}$ 时,

下游资源型产品企业对资源的需求为 $\dfrac{2\left[(1-\rho)A_L + \rho\bar{p}_G - (\gamma + p^r)\right]}{3(1-\rho)}$。不

难计算,上游资源型企业的最优资源定价为 $p^r = \dfrac{(1-\rho)A_L + \rho\bar{p}_G - \gamma + c}{2}$。

此时,市场资源型产品供给数量为 $\dfrac{1}{3(1-\rho)}\left[(1-\rho)A_L + \rho\bar{p}_G - (\gamma + c)\right]$。

在市场需求比较高的时候,最高限价发生作用。市场需求比较低的时候,

市场价格为 $\dfrac{1}{3(1-\rho)}\left[2(1-\rho)A_L - \rho\bar{p}_G + \gamma + c\right]$。此时,维持该结果均

衡的条件为:

$$\frac{2(1-\rho)A_L + \gamma + c}{3 - 2\rho} \leqslant \bar{p}_G \leqslant \frac{(1-\rho)(3A_H - A_L) + \gamma + c}{3 - 2\rho}$$

$$(3.16)$$

当 $\bar{p}_G < \dfrac{(1-\rho)A_L + 2(\gamma + p^r)}{3 - \rho}$ 时,资源型产品完全受到限制价格

控制。因此,上游资源开采企业会将资源价格决定在 $p^r = \bar{p}_G - \gamma$ 的水

平,维持这个均衡的条件是 $\bar{p}_G < A_L$。

所以,对于在决策第一阶段的政府最高限价而言,其可以达到三种不

同的结果。如果达到第一种均衡,那么市场最高限价不发生作用,不难计

算,此时市场总剩余为:

$$SW_1 = \frac{1}{3}\left[\rho A_H + (1-\rho)A_L - (\gamma + c)\right]^2 \tag{3.17}$$

因此只要 $\bar{p}_G > \dfrac{1}{3}\left[(3-\rho)A_H - (1-\rho)A_L + \gamma + c\right]$ 条件得以满足,此

剩余就可实现。

如果达到第二种均衡结果,那么限制价格只在市场需求高的时候发

挥作用,此时市场总剩余为:

$$SW_2 = \pi^r\left[p^r(\bar{p}_G)\right] + \pi_A\left[Q_A(\bar{p}_G), Q_B(\bar{p}_G), \bar{p}_G\right]$$

$$+ \pi_B \left[Q_A(\bar{p}_G), Q_B(\bar{p}_G), \bar{p}_G \right] + \frac{1}{2} \left[Q_A(\bar{p}_G) + Q_B(\bar{p}_G) \right]^2$$

$$(3.18)$$

按照包络原理,社会总剩余最大化的一阶条件为:

$$\frac{\mathrm{d}SW_2(\bar{p}_G)}{\mathrm{d}\bar{p}_G} = \rho \left[Q_A(\bar{p}_G) + Q_B(\bar{p}_G) \right] > 0 \quad (3.19)$$

因此,最优的价格管制是将最高限价上升到不发生作用,即:

$$\bar{p}_G = \frac{(1-\rho)(3A_H - A_L) + \gamma + c}{3 - 2\rho} \quad (3.20)$$

此时,第二类均衡消失,即转换为第一类均衡。

如果达到第三种均衡,则意味着不管什么时候,最高限价都发生作用,因此下游资源型产品生产企业没有定价自主权。在这种情况下,上游企业会将下游企业的利润榨干。由于上游企业是垄断企业,因此管制价格越低,则资源扭曲越少,消费者剩余越多。此时,最优的最高限价为:

$$\bar{p}_G = \gamma + c \quad (3.21)$$

此时,两个资源型产品生产企业的产量总和为:$Q_A + Q_B = A_L - \bar{p}_G$,社会总剩余为:

$$SW_3 = \frac{1}{2} \left[\rho A_H + (1-\rho)A_L - (\gamma+c) \right] \left[A_L - (\gamma+c) \right] \quad (3.22)$$

由此可见,实际上并不存在一个单边的价格限制,即只在某些情况下限制价格发挥作用。对政府而言,要么不进行价格管制(即最高限价不发生作用),要么进行严格的价格限制(即所有情况下,都执行最高限价)。那么,具体采取哪种策略,则取决于相关参数关系。不难计算,当 $2\rho(A_H - A_L) \leqslant A_L - (\gamma+c)$ 时,有 $SW_1 \geqslant SW_3$。这一不等式包含多层意思。首先,该不等式意味着 $\rho \leqslant \frac{A_L - (\gamma+c)}{2(A_H - A_L)}$,即如果高市场需求的可能性发生比较小,那么不对市场采取严厉的价格管制更有利于促成社会总剩余的提高;反之,如果高市场需求发生的概率比较大,则对市场采取严格的限价政策是必要的。其次,该不等式意味着 $A_H - A_L \leqslant \frac{A_L - (\gamma+c)}{2\rho}$,也就是说,如果市场需求高低差别比较大,或者市场需求波动比较大的情况下,政府不应该对市场进行严格的最高限价。再次,该不等式还意味着 $\gamma + c \leqslant (1+2\rho)A_L - 2\rho A_H$,也就是说,如果生产加工企业越有效率(生产成本越低),那么政府越没有必要进行严格的限价。

第二节 进入管制

政府对行业的进入管制,在表面上看并不是管制价格,而仅仅是对进入企业的资格或者数量进行管制,但是,对进入企业资格和数量的管制,也可以间接地作用于最终的市场均衡价格,从而达到管制价格的目的。从经济学上说,进入管制实际上是提高了企业的进入成本,降低行业的竞争程度,从而达到间接调控市场价格的目的。但是,考虑到企业的纵向关联,不同市场上的进入管制对最终市场价格的影响不尽相同。

一、企业数量管制

我们考察政府对上下游两个不同市场进行数量管制,对市场最终均衡的影响。为使讨论更有意义,我们假设上游资源开采企业的进入成本(固定成本)为 F_U,下游资源型产品生产企业的进入成本为 F_D。首先,我们计算一个基准模型,即没有任何政府对进入企业数量干预情况下的进入均衡。在给定上游资源价格 p^r 的情况下,下游有 M 家企业的数量竞争的均衡产量为:

$$Q = \frac{1}{M+1}(A - p^r - \gamma) \tag{3.23}$$

以及每个企业利润为:

$$\pi = \frac{1}{(M+1)^2}(A - p^r - \gamma)^2 - F_D \tag{3.24}$$

可以得到下游企业的数量为:

$$M = \frac{A - p^r - \gamma}{\sqrt{F_D}} - 1 \tag{3.25}$$

因此,下游企业的资源型产品总产量(对上游资源的需求量)为:

$$Q^D = A - p^r - \gamma - \sqrt{F_D} \tag{3.26}$$

同理,不难计算面对该市场需求,上游 N 家资源开采企业的竞争均衡产量为:

$$Q^r = \frac{1}{N+1}(A - c - \gamma - \sqrt{F_D}) \tag{3.27}$$

以及每家企业的利润为:

$$\pi^r = \frac{1}{(N+1)^2}(A - c - \gamma - \sqrt{F_D})^2 - F_U \tag{3.28}$$

所以,上游进入均衡的企业数量为:

$$N = \frac{A - c - \gamma - \sqrt{F_D}}{\sqrt{F_U}} - 1 \tag{3.29}$$

这个时候,整个市场资源及资源型产品的价格分别为:

$$p^r = c + \sqrt{F_U} \tag{3.30}$$

$$p = c + \gamma + \sqrt{F_U} + \sqrt{F_D} \tag{3.31}$$

显然,如果进入固定成本越高,则企业进入数量越少,同时企业定价时加成的价格越高。不难计算,此时社会总剩余为:

$$SW = \frac{1}{2}\left[A - (c + \gamma + \sqrt{F_U} + \sqrt{F_D})\right]^2 \tag{3.31}$$

可以看到,固定成本和边际成本一样,其上升会导致社会总剩余的减少。如果政府仅对上游进入企业数量进行管制,且假设管制数量为 $\overline{N} \leqslant \frac{A - c - \gamma - \sqrt{F_D}}{\sqrt{F_U}} - 1$。此时,每家上游资源开采企业的产量为:

$$\overline{Q}^r = \frac{1}{\overline{N}+1}(A - c - \gamma - \sqrt{F_D}) \tag{3.32}$$

这时,考虑到资源市场的供需平衡,则有 $\frac{\overline{N}}{\overline{N}+1}(A - c - \gamma - \sqrt{F_D}) = A - p^r - \gamma - \sqrt{F_D}$,可以得到资源价格为:

$$p^r = c + \frac{1}{\overline{N}+1}(A - \gamma - c - \sqrt{F_D}) \tag{3.33}$$

考虑到 $\overline{N} \leqslant \frac{A - c - \gamma - \sqrt{F_D}}{\sqrt{F_U}} - 1$,比较式(3.33)和式(3.30)可以看到,$c + \frac{1}{\overline{N}+1}(A - \gamma - c - \sqrt{F_D}) \geqslant c + \sqrt{F_U}$。也就是说,企业进入数量

管制提高了资源的价格。但是，对于社会福利而言，对企业进入数量进行管制在降低企业竞争，提高市场价格的同时，实际上也减少了企业固定资产投入的消耗，提高了企业的利润。在上面的设定中，如果对上游资源开采企业的进入数量管制在 $\overline{N}$ 水平，那么，上游资源企业能获得的利润为：

$$\pi^r = \frac{1}{(\overline{N}+1)^2}(A-\gamma-c-\sqrt{F_D})^2 - F_U \tag{3.34}$$

下游资源型产品的价格为：

$$p = \frac{1}{\overline{N}+1}[A-\overline{N}(c+\gamma+\sqrt{F_D})] \tag{3.35}$$

因此，整个社会的总剩余为：

$$SW = \frac{\overline{N}^2}{2(\overline{N}+1)^2}(A-c-\gamma-\sqrt{F_D})^2$$
$$+ \frac{\overline{N}}{(\overline{N}+1)^2}(A-\gamma-c-\sqrt{F_D})^2 - \overline{N}F_U \tag{3.36}$$

最大化该剩余，可得到 $\overline{N} = \dfrac{(A-c-\gamma-\sqrt{F_D})^{2/3}}{F_U^{1/3}} - 1$。由于 $A-$

$(c+\gamma+\sqrt{F_U}+\sqrt{F_D}) \geqslant 0$ 保证了 $\dfrac{(A-c-\gamma-\sqrt{F_D})^{2/3}}{F_U^{1/3}} - 1 \leqslant$

$\dfrac{A-c-\gamma-\sqrt{F_D}}{\sqrt{F_U}} - 1$。也就是说，最大化社会总剩余的上游企业数量管制小于企业自由进入的数量。此时的社会总剩余为：

$$SW = \frac{1}{2}(A-\gamma-c-\sqrt{F_D})^2 - \frac{3}{2}(A-\gamma-c-\sqrt{F_D})^{2/3}F_U^{2/3} - F_U \tag{3.37}$$

比较式(3.37)和式(3.31)可以得到，当 $\dfrac{3}{2}(A-\gamma-c-\sqrt{F_D})^{2/3}F_U^{1/6}$

$\geqslant A-\gamma-c-\sqrt{F_D} - \dfrac{3}{2}\sqrt{F_U}$，式(3.31)的社会剩余大于式(3.37)的社会剩余。观察这一不等式可以看到，当 F_U 比较高的时候，该不等式更容易得到满足。也就是说，如果上游资源开采企业的固定成本比较高，那么进行进入管制相比不进行管制反而不利于社会福利的改进。这说明，较高的固定成本本身就起到了一定的调节（限制）行业进入企业数量的作用，在此情况下,再对行业企业进入进行数量管制就不是很有意义。

再看对下游资源型产品生产企业的数量管制情景,可以看到在没有干预的情况下,下游资源型产品生产企业的数量为 $M = \dfrac{A - \gamma - c - \sqrt{F_U}}{\sqrt{F_D}} - 1$。假设政府管制的该行业进入企业数量为 $\overline{M} \leqslant \dfrac{A - \gamma - c - \sqrt{F_U}}{\sqrt{F_D}} - 1$,那么在给定上游资源价格 p^r 的情况下,下游资源型生产企业的产量为:

$$Q = \frac{1}{\overline{M} + 1}(A - p^r - \gamma) \tag{3.38}$$

上游资源开采企业利润最大化的产量为:

$$Q^r = \frac{\overline{M}}{(\overline{M} + 1)(N + 1)}(A - c - \gamma) \tag{3.39}$$

上游资源企业的进入均衡意味着:

$$N = \sqrt{\frac{\overline{M}}{(\overline{M} + 1)}} \frac{(A - c - \gamma)}{\sqrt{F_U}} - 1 \tag{3.40}$$

根据资源供需平衡,可以得到资源价格为:

$$p^r = c + \sqrt{\frac{(\overline{M} + 1)}{\overline{M}} F_U} \tag{3.41}$$

式(3.41)表明,资源的价格会随着下游管制企业数量的增加而减少。这是因为,随着下游管制企业数量的增加,下游资源型产品生产企业对资源的总需求量增加,从而导致上游资源开采企业进入数量增加,在竞争作用下反而降低了资源的价格。在这个资源价格下,下游资源型产品生产企业的利润为:

$$\pi = \frac{1}{(\overline{M} + 1)^2} \left[A - \gamma - c - \sqrt{\frac{(\overline{M} + 1)}{\overline{M}} F_U} \right]^2 - F_D \tag{3.42}$$

整个市场总剩余为:

$$SW = \frac{1}{2} \frac{\overline{M}^2}{(\overline{M} + 1)^2} \left[A - \gamma - c - \sqrt{\frac{(\overline{M} + 1)}{\overline{M}} F_U} \right]^2 + \frac{\overline{M}}{(\overline{M} + 1)^2}$$
$$\left[A - \gamma - c - \sqrt{\frac{(\overline{M} + 1)}{\overline{M}} F_U} \right]^2 - \overline{M} F_D$$

不难验证，此时，管制企业的数量 M 越大，市场总剩余越高，因此最优的管制企业数量为 $\dfrac{A-\gamma-c-\sqrt{F_U}}{\sqrt{F_D}}-1$，即不进行管制时自由进入的资源型产品生产企业数量。换句话说，如果只能对下游资源型产品生产企业实施进入管制，那么政府最优的管制政策是放松管制，让企业自由进入。这是与纵向市场特有的价格传导机制有关的。按照式(3.41)我们看到，下游资源型产品生产企业数量越多，则上游资源均衡价格越低。对于政府而言，通过控制进入企业数量，目的是在控制下游企业进入的固定成本消耗和消费者剩余获得之间进行权衡。当下游企业数量增大时，企业竞争增加不仅导致下游资源型产品供给增加，价格下降，增加消费者剩余，同时通过上游资源价格的下降，进一步强化上述机制，从而导致企业数量增加带来的消费者剩余增加完全抵消了企业数量增加导致的固定资产投入消耗。

总体而言，我们可以看到，当上游资源开采企业进入成本很高的时候，对上游进入企业的适当数量管制是必要的。否则的话，对进入企业的数量管制特别是对下游资源型产品生产企业的进入管制，并不利于社会福利的改进。

二、许可证管制

在针对行业进入的数量管制中，许可证制度是一项比较常用的管制工具。通过设立一定数量的许可证，并且规定潜在进入的企业只有获得许可证方可从事生产这样的制度设计，可以比较方便地进行行业企业总量的管制。在资源型产品生产领域，尤其是在上游资源开采领域，许可证管理是最为常见的一种管制手段。

总体上，许可证管制可以被理解为进入企业数量管制的一种具体政策工具，但是与一般的进入企业数量管制不同，许可证管制还可以被认为是针对新进入企业的一种进入管制。从行业的正常成长历程看，一般行业往往存在自然的在位者，这些企业或者是在行业未管制之前就存在，或者通过某种特别的手段或者地位（例如国有企业身份）而获得了生产资格。在这种情况下，一旦政府对行业进行许可证管理，实际上只是针对潜在的进入企业。此时，许可证管制的严格程度，影响的是新进入企业的难易程度,对在位企业而言,则并不存在影响。

考虑一个 1×2 的纵向关联市场,上游资源开采企业已经有一家企业在位,此时增加一个进入该领域的许可证。该许可证的难度为 F,可以理解为企业为获得该许可证而付出的沉没成本。越为审查严格的许可证制度,越需要潜在企业付出更为高昂的沉没成本以获得生产许可。为使讨论有意义,我们假设管制当局在设置许可证难度之前,并不确切知道潜在进入者的生产效率(这里假设为边际成本高低)。管制当局设置获得许可证的难度,一方面是为了吸引新进入企业,通过增加竞争而提高市场剩余;另一方面则是筛选更为高效率的企业进入市场。但是,过高的许可证难度,则会导致新进入企业的可能性下降。

假设上游企业资源开采的边际成本有两种可能性,即 $c \in \{c_l, c_h\}$,$c = c_l$ 的可能性为 λ,且 $c_l < c_h$。显然,潜在进入企业的预期利润取决于在位企业的效率。如果在位企业资源开采的边际成本为 c_l,而潜在进入企业的资源开采成本为 c_h,那么不难计算,当 $F \leqslant \frac{2}{27}(A - \gamma - 2c_h + c_l)^2$ 时,该潜在进入企业将选择进入资源开采领域。而在这种情况下,市场的总剩余为 $\frac{28}{81}(A - \gamma - c_l)^2 + \frac{34}{81}(c_h - c_l)^2 - \frac{28}{81}(A - \gamma - c_l)(c_h - c_l) - F$。同样的,如果在位资源开采企业的边际成本为 c_l,而潜在进入企业的资源开采成本也为 c_l,那么当 $F \leqslant \frac{2}{27}(A - \gamma - c_l)^2$ 时,该潜在进入企业选择进入市场,此时的市场总剩余为 $\frac{28}{81}(A - \gamma - c_l)^2 - F$。如果 $F > \frac{2}{27}(A - \gamma - c_l)^2$ 时,潜在进入的企业没有选择进入,那么最终的市场结构是 1×2 结构,按照前面的计算,此时的市场剩余为 $\frac{5}{18}(A - \gamma - c_l)^2$。

因此,在上游在位的资源开采企业开采边际成本为 c_l 的情况下,对潜在进入企业不同许可证管制严格程度 F 带来的预期市场剩余各不相同。综合以上的分析可以知道,当 $F > \frac{2}{27}(A - \gamma - c_l)^2$,此时不管是哪种类型的潜在进入企业都选择不进入市场,市场上只存在原先的一家上游企业,市场剩余为 $\frac{5}{18}(A-\gamma-c_l)^2$。由于此时的管制制度最为严格,即不允许任何的企业进入,为便于表述,我们把它称为"第一类许可证管制模式"。

当 $\frac{2}{27}(A-\gamma-2c_h+c_l)^2 \leqslant F < \frac{2}{27}(A-\gamma-c_l)^2$ 时,只有边际成本为 c_l 的潜在企业选择进入市场,我们把它称为"第二类许可证管制模式"。此时市场总剩余为 $\frac{28}{81}\lambda(A-\gamma-c_l)^2-\lambda F+\frac{5}{18}(1-\lambda)(A-\gamma-c_l)^2$。最优的许可证管制严格程度为 $F=\frac{2}{27}(A-\gamma-2c_h+c_l)^2$,因此最终的市场剩余为 $\left[\frac{22}{81}\lambda+\frac{5}{18}(1-\lambda)\right](A-\gamma-c_l)^2+\frac{8}{27}\lambda(c_h-c_l)(A-\gamma-c_h)$。

当 $F<\frac{2}{27}(A-\gamma-2c_h+c_l)^2$,两类企业都能进入市场,管制政策最为宽松,我们把它称为"第三类许可证管制模式"。此时,市场剩余为 $\frac{28}{81}(A-\gamma-c_l)^2+\frac{34}{81}(1-\lambda)(c_h-c_l)^2-\frac{28}{81}(1-\lambda)(A-\gamma-c_l)(c_h-c_l)-F$。此时最优的许可证管制严格程度为 $F=0$,即不进行任何的许可证管理。在这种情况下,市场最终剩余为 $\frac{28}{81}(A-\gamma-c_l)^2+\frac{34}{81}(1-\lambda)(c_h-c_l)^2-\frac{28}{81}(1-\lambda)(A-\gamma-c_l)(c_h-c_l)$。

稍作计算,就可以得到,当 $\frac{A-\gamma-c_l}{c_h-c_l} \leqslant 24-4\sqrt{33}$,或者 $\frac{A-\gamma-c_l}{c_h-c_l} \geqslant 24+4\sqrt{33}$ 时,第一类许可证管制模式将获得高于第二类许可证管制模式的市场总剩余。从这里可以看到,许可证管制允不允许高效率的潜在进入企业进入,并不取决于潜在进入企业的效率分布 λ,而只与潜在进入企业的效率差异(即 c_h-c_l)相关联。如果效率差异不是足够大,那么通过许可证管制阻止低效率企业进入市场就不一定对市场有好处。同样,我们可以得到当 $\lambda \leqslant \frac{9}{196}$ 时且 $\frac{28(1-\lambda)-2\sqrt{(1-\lambda)(9-196\lambda)}}{11} \leqslant \frac{A-\gamma-c_l}{c_h-c_l} \leqslant \frac{28(1-\lambda)+2\sqrt{(1-\lambda)(9-196\lambda)}}{11}$ 的情况下,第一类许可证管制政策优于第

三类许可证管制政策。而若 $\lambda > \dfrac{9}{196}$，则第三类许可证管制政策总是优于第一类许可证管制政策。再比较第二类许可证管制政策与第三类管制政策，可以得到 当 $\dfrac{(28-4\lambda) - \sqrt{(28-4\lambda)^2 + 4(11+\lambda)(17-29\lambda)}}{11+\lambda} \geqslant \dfrac{A-\gamma-c_l}{c_h-c_l}$ 或者

$\dfrac{A-\gamma-c_l}{c_l} \geqslant \dfrac{(28-4\lambda) + \sqrt{(28-4\lambda)^2 + 4(11+\lambda)(17-29\lambda)}}{11+\lambda}$ 时，第三类许可证管制政策优于第二类许可证管制政策。

综合上述的条件，我们可以用图 3.2 来描述不同参数组合情况下的最优许可证管制政策。图中，如果 λ 和 $\dfrac{A-\gamma-c_l}{c_h-c_l}$ 的组合落在抛物线与竖线左边构成的区域中，则第一类许可证管制（即最严格的许可证管制）是最优的；如果 λ 和 $\dfrac{A-\gamma-c_l}{c_h-c_l}$ 的组合落在抛物线与竖线右边构成的区域中，则第二类许可证管制是最优的；如果是剩下的情况，则第三类许可证管制是最优的。考虑到横坐标 $\dfrac{A-\gamma-c_l}{c_h-c_l}$ 的大小主要由 c_h-c_l 的大小决定，因此，可以大致得到如下结论，许可证管制政策的严格程度与在位企业和潜在进入企业的效率差异有关。潜在进入企业的效率与在位企业的效率差异越大，那么政府应该采取越严格的许可证管制政策。

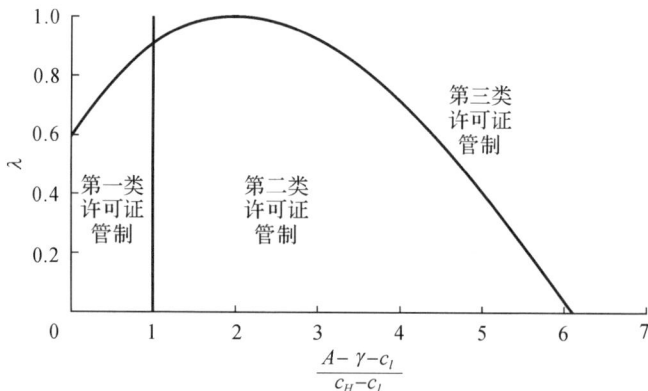

图 3.2　不同参数下的最优许可证管制政策

第三节　本章小结

本章我们考察了在纵向关联的视角下,资源型产品价格管制的政策效应以及最优管制政策问题,主要讨论了直接价格控制,以及进入企业数量管制、许可证管制两种间接价格管制措施。主要结论如下:

(1)在管制当局可以进行直接价格控制的情况下,如果可以对上下游两个市场中的一个市场进行直接价格控制,那么政府应该选择哪个市场以及何种管制政策,受资源型产品生产企业的效率异质性影响。具体而言,如果资源型产品生产企业的异质性足够低或者足够高,那么政府都应该选择下游资源型产品生产企业进行直接价格控制。但是控制的严厉程度则取决于受管制企业效率差异的大小。如果效率差异很大,则应该执行更为严厉的价格管制,即设定较低的价格,以限制低效率企业进入市场。如果效率差异足够小,那么则应该执行宽松的价格管制,即设定较高的价格,使得低效率的企业也能进入市场生产。而如果资源型产品生产企业的效率差异介于中间状态,那么政府应该转向对上游资源开采企业的价格管制,以促进下游资源型产品生产企业的竞争。

(2)如果管制当局只能进行最高限价管制,那么针对上游资源开采企业的最高限价和针对下游资源型产品生产企业的最高限价会有不同的作用机制。针对上游资源开采企业的最高限价可以促进下游企业竞争,从而降低最终资源型产品的价格。因此,此时的最高限价应该是尽量降低资源开采企业的价格加成。而针对下游资源型产品的直接限价则会倒逼淘汰低效率的资源型产品生产企业。如果考虑到市场需求的不确定性,那么在市场需求增加的可能性不是很大的情况下,则不应该对市场采取严厉的最高限价。反之,如果高市场需求发生的概率比较大,则对市场采取严格的限价政策是必要的。另外,如果市场需求波动比较大,则不应该采取严格的最高限价。

(3)管制当局也可以通过相关行业进入企业的数量管制来达到控制价格的目的。进入企业数量管制如果针对上游资源开采企业,数量管制严厉与否,取决于未管制情况下,由其他因素(如资本、技术)影响的该行业的进入难度。进入难度越大,则数量管制应该越严格,反之亦然。如果进入企业的数量管制针对的是下游资源型产品生产企业,那么总体而言,这种管制是没有必要的。因为针对下游资源型生产企业的任何进入管制,都会导致市场竞争的削弱,从而影响资源配置效率和消费者福利。

（4）许可证管制是行业进入管制的主要政策工具。考虑在一个垄断的上游资源开采市场是否应该增加一个生产许可证,从而增加一个企业进入,取决于进入企业与在位企业的效率差异。潜在进入企业的效率与在位企业的效率差异越大,那么政府应该采取越严格的许可证管制政策。

第四章　资源税与资源最优开采路径

资源税,从法律上说,是指在我国境内从事应税矿产品开采或生产盐的单位和个人征收的一种税,是资源价格体系中的核心问题,也是政府对资源型产品价格管制的关键工具。

1984 年,我国开始征收资源税,规定以煤炭、石油、天然气(后扩大到铁矿石)几种自然资源为课税对象,在采掘或生产地源泉实行差别税额从量征收。但是近年来,越来越多的事实经验和研究结果表明我国现行的资源税制在征收对象、计税依据、税率等方面均存在着巨大的缺陷。例如,2008 年新疆石油的市场价格为每吨 4800 元,而对石油征收资源税的标准为每吨 30 元,也就是说折算后的税率还不到 1%。相关政府部门于 2010 年开始逐步推进资源税二次改革的步伐。2010 年 5 月,中央决定在新疆率先进行资源税费改革。2011 年 10 月 28 日,财政部公布了修改后的《中华人民共和国资源税暂行条例实施细则》,其中正式规定石油、天然气在全国范围采用"从价征收"的计税方式,税率定为 5%。目前,围绕资源税改革的讨论仍在持续进行。从理论上说,征收资源税主要是为了调节资源型行业中的企业的资源级差收入和促进自然资源的合理开采、节约使用、有效配置。换句话说,资源税兼具资源空间上和时间上的配置功能,即资源价格变化既会改变资源的开采时间路径,延长或缩短资源存储量的使用时间,也会影响资源要素在中间要素市场的价格变化,从而导致下游企业生产成本变化,进一步影响资源型产品的市场消费和配置。正是资源税双重功能的存在,使得资源税改革变得复杂。而现有的争论也大抵忽视了资源税双重功能的协调性问题。

第一节　相关研究回顾

一、资源价格理论

关于资源价格决定机制的研究主要关注资源的时间配置问题,即可耗竭(或不可耗竭)资源的最优开采路径和价格决定。Hotelling(1931)的开创性研究,立足于可耗竭资源攻击者的利润最大化视角,探讨了完全竞争市场、完全垄断市场及双寡垄断市场等不同市场结构下的最优资源开采路径和价格策略。而 Kamien 和 Schwartz(2012)则研究了该问题的动态规划解法。其后的相关文献几乎都参考了这两篇文献的研究思路和模型构建方法。Stiglitz 和 Dasgupta(1980)假设资源替代品发现时间的不确定性,通过资源所有者的套利均衡计算分析不同市场结构下的资源开采率及其价格。杨玉凤、魏晓平(2001)根据市场经济条件下矿产资源的供求关系,建立动态模型研究资源的均衡市场价格与其耗竭时间的关系。

除了这些基于市场定价法的文献,在 Hotelling(1931)、Kamien 和 Schwartz(2012)两篇文献的基础上也衍生出使用收益定价法的文献。Krautkraemer(1985)采用动态规划模型分析延长资源存储量更为严格的限制条件,提出资源的舒适性价值能提高资源的初始价格及其增长率。葛世龙等(2007)以最大化社会总福利为目标函数,建立了竞争市场中的可耗竭资源开采的最优控制模型,针对开采成本是否与资源的剩余储量有关讨论了可耗竭资源的价格策略。

二、资源税理论

资源税是以各种应税资源为课税对象的一种税,设置目标主要是保护资源、调节市场配置和取得税收收入,也可以作为风险规避、产业政策的手段。Hotelling(1931)在《可耗尽资源经济学》中,最早研究了开采税对可耗尽资源的最优开采路径的影响。Hotelling 认为,征收开采税能够降低资源的均衡价格并改变其最优开采路径,也就是说开采税推迟了资源枯竭(但不一定提高社会总福利)。其后的研究大都沿袭 Hotelling 的思路,讨论资源价格变化以及资源税对资源最优开采路径的影响。例如 Dasgupta 等(1980)研究资源税对可耗尽资源跨期分配的影响,其研究结果发现,资源税对资源开采路径的影响机制极其依赖于对未来的税收预期,实质上总存在一种资源税制可以生成任何所需的资源开采路径。但 Long 和 Sinn(1985)认为,资源税变化导致的资源价格意外上升不一定会改变资源企业的开采路径,资源企业主要根据价格的预期未来变化调整开采计划。

在诸多分析资源税对开采路径的作用机制的理论研究基础上,越来越多的文献以此来考察或规划政府的资源税制度。到目前为止,对政府资源税制度进行研究的关注重点有很多,主要有考察政府资源税制度的改革、比较不同税种和研究设置最优资源税制度的原则等。例如从考察政府资源税制度改革的角度,Bovenberg 和 Ploeg(1998)研究小型开放经济体的环境税制改革,Hogan 和 McCallum(2010)研究澳大利亚针对不可再生资源的税收制度演变历史。而从比较资源税的不同税种的角度,Gamponia 和 Mendelsohn(1985)从效率和公平两个方面比较美国可耗竭资源的各种税制;Amundsen 和 Schoöb(1999)认为不与世界环境政策同步的小国应征收时变的庇古税,而同步的小国应额外地对可耗尽资源征税。

目前,关于最优资源税制度的设置的研究大部分要么是针对一种特殊资源的分析,要么是将所有类型的资源统一为一种代表性资源。例如 Baunsgaard (2001)、Hogan 和 Goldsworthy (2010)研究矿产资源,Nakhle (2010)、Daubanes 和 Leinert(2012)研究石油资源,Kent 等 (2011) 研究天然气资源,Whalley(2002)以代表性资源为对象讨论了税和贸易的相互作用关系,而 Boadway 和 Keen(2010)虽然考虑了不同类型资源市场中的资源税,但是将研究重点放在了构建资源税制需要考虑的各种因素上。

国内研究资源税的文献绝大多数是分析我国现行资源税制度中存在的一些问题并提出改革建议。例如,张捷(2007),安体富、蒋震(2008)等探讨了资源税的征收范围,认为资源税的课税范围应该扩大到水资源和森林资源等。他们进一步认为,现有资源税的计税依据不合理,没有充分考虑资源开采使用的外部性问题,偏低的税率导致了企业的无序开采。

在计税方式上,不同的研究则存在不同的政策主张。张平竺(2000)认为,资源税从量计征具有操作简便、征收成本低的合理性。而张捷(2007)则认为应该从价计征。安体富、蒋震(2008)认为应该采取两者结合的计征方式。另外,就资源税的分配而言,不同的研究也存在较大的争论。高清苍、郝志军(2008)认为资源税应属于中央税,而陈文东(2007)认为资源税应是地方税,安仲文(2008)认为资源税应是中央地方共享税。

相较而言,国内涉及资源税对开采路径的作用机制的研究则少得多。例如葛世龙、周德群(2008)分析了在开采的不同阶段,资源税对资源最优开采路径造成的不同影响。裴潇、蒲志仲(2013)通过计量模型研究矿产资源税负与资源开采量、矿产品价格指数、居民消费物价指数和 GDP 增长率的关系。

三、市场结构与资源价格

在国内外的文献中,目前还没有采用动态规划模型对不同市场结构下可耗尽资源产品的资源税设置进行研究的相关文献。Pindyck(1981)构建了一个可耗尽资源的生产者动态规划模型,认为无论在竞争市场或垄断市场中,对单位开采成本固定的风险中性企业而言,需求的不确定性都不会影响资源的均衡价格。Kagiannas 等(2004)采用长期动态规划模型,研究了近 20 年来发电行业从中央协调垄断市场变革为自由竞争市场的内在动力。Bergemann 和 Välimäki(2006)构建了一个新兴经验商品的动态定价模型,比较不同市场结构中的均衡结果,认为社会学习可能造成竞争市场和垄断市场初始财富等级的逆转。

第二节　基础模型——完全竞争市场

一、模型设定

参照 Kamien 和 Schwartz(2012)的开采资源的动态规划模型,我们进一步考察产业链和纵向市场结构中,可耗尽资源型产品的最优时间开采路径和税制问题。资源型产品的产业链是指从最初始的自然资源开采和销售到中间产品生产和销售、再到最终资源型产品生产和销售全过程中形成的以生产资源型产品的主导及其配套企业为链核,以产品、技术、资本等生产要素为纽带的一种具有价值增值功能的产业关系链。在现实中,资源型产品产业链包括设计、采购、原料加工、半成品生产、成品生产、销售、服务等多个环节,是跨越了第一产业、第二产业和第三产业构成的十分复杂的企业关联体。在这里,为了数理模型的计算需要,将资源型产业链的结构简化(见图 4.1)。

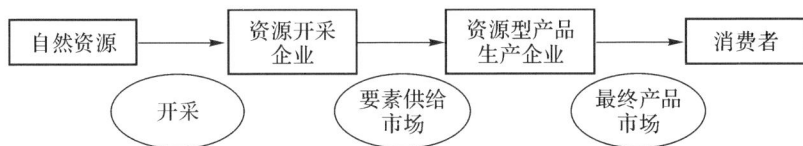

图 4.1 资源型产业链

此处,我们假设自然资源是可耗竭性的,其资源总量为 $R(R>0)$。可耗竭资源由资源开采企业进行开采供给。在现实中,影响自然资源开采成本的因素有很多,主要包括资源禀赋的客观条件(例如地质构造、剩余储量、区域交通等),以及开采速率、管理水平、机械装备等主观因素。目前关于资源开采模型价格策略的研究文献中,通常不考虑影响开采成本的主观因素,假定开采成本不变或边际开采成本不变。这里,我们遵照文献的通常做法,假定资源开采企业开采的成本函数为:

$$C_1 = c \cdot q \tag{4.1}$$

其中,$c>0$ 为表示开采边际成本的固定参数,q 表示企业的资源开采量。同时假设政府对可耗竭资源通过"从量征收"的计税方式征收资源税,在时期 t 向每单位可耗竭资源征收 $T(t)$ 的资源税,$T(t) \geq 0$。

资源开采企业和下游资源型产品生产企业通过中间产品市场交易可耗竭资源。假设资源供给市场上共有资源开采企业 M 家($M \geq 1$ 为固定参数,表示政府发放的相关许可证个数),这些企业各自通过数量竞争制定生产策略,并且认为其他企业不会改变原有的产量,即这些企业之间是古诺竞争的。

下游资源型产品生产企业通过投入可耗竭资源以及其他生产要素生产资源型产品。假设下游企业的生产函数是固定投入比例生产函数,即:

$$q = \min\{q_0, q_1\} \tag{4.2}$$

其中，q_0 表示投入的资源数量，q_1 表示投入的其他生产要素数量。根据对偶性得到下游企业的成本函数：

$$C_2 = \{\gamma + P_u\}q \tag{4.3}$$

其中，$\gamma > 0$ 表示投入的其他生产要素的单价，P_u 表示自然资源在中间产品市场的交易单价，q 表示资源型产品的产量。

考虑到可耗竭性资源的利用除了资源供应企业和下游企业花费的成本之外，还包括大量的社会成本，例如开采及生产过程中造成对土地、水体、大气、生态环境等区域环境的破坏。因此，此处我们进一步考虑资源开采利用的负外部性问题。假设开发可耗竭资源的边际负外部性固定不变，每生产一单位的资源型产品会对社会造成的负外部效应为 $\alpha(\alpha > 0)$。

在资源型产品消费市场上，消费者直接向下游企业购买资源型产品。假设消费者的数量很多，即任何单个的消费者都是产品市场价格的接受者。因为资源型产品是正常商品，假设该市场上消费者的需求函数为一次线性函数：

$$p = A - bQ \tag{4.4}$$

其中，$A \geqslant 0, b > 0$ 是代表最终产品市场特性的固定参数，Q 表示资源型产品的总销售量。同时假设 $\alpha > \gamma + c + \alpha$，即假设该可耗竭资源具备开发利用的价值。

二、最优税率设置

假设最终产品市场上存在 N 家下游资源型产品生产企业，并且它们所生产的资源型产品是同质的，在完全信息的前提下即为完全竞争市场。那么单个下游资源型产品生产企业 i 的决策函数为：

$$\max_{q_i} \pi_i = [p - (\gamma + p_u)]q_i \tag{4.5}$$

其中，q_i 表示单个下游企业的生产量，p 表示资源型产品在最终产品市场上的价格，且市场总供给量为 $Q = \sum_{i=1}^{N} q^i$。通过式（4.5）的一阶条件，解得资源型产品的均衡价格：

$$p = \gamma + p_u \tag{4.6}$$

以及资源型产品的总产量 Q：

$$Q = Nq_i = \frac{A - \gamma - P_u}{b} \tag{4.7}$$

单个资源开采企业的决策问题为：

$$\max_{q_i^r} \pi_i^r = [p_u - c - T(t)] q_i^r \tag{4.8}$$

不难解得当中间产品市场和最终产品市场都达到均衡时各变量的值：

$$Q^*(t) = M \cdot q^r(t) = \frac{A - \gamma - c - T(t)}{b(1 + 1/M)} \tag{4.9}$$

$$P_u^* = A - \gamma - \frac{A - \gamma - c - T(t)}{1 + 1/M} \tag{4.10}$$

$$P^*(t) = A - \frac{A - \gamma - c - T(t)}{1 + 1/M} \tag{4.11}$$

此时,社会总福利可以写成：

$$
\begin{aligned}
SW(t) &= \int_0^{Q^*} SW(t) \cdot e^{-rt} dt \\
&= \left[A - \gamma - c - \alpha - \frac{A - \gamma - c - T(t)}{2(1 + 1/M)} \right] \cdot \frac{A - \gamma - c - T(t)}{b(1 + 1/M)}
\end{aligned}
\tag{4.12}
$$

其中, $Q^*(t)$ 表示在 t 时期资源型产品(可耗竭资源)的行业均衡产量, $SW(t)$ 表示在 t 时期在资源型产品的中间产品市场和最终产品市场上生产者、消费者和政府能够得到的社会总福利。

结合 Kamien 和 Schwartz(2012)的资源开采动态规划模型,以最大化 0 时期到 $D(D \geqslant 0)$ 时期内的社会总福利为目标构建资源开采动态规划模型：

$$
\begin{aligned}
&\max_{t(t)} \int_0^D SW(t) \cdot e^{-rt} dt \\
&\text{s. t.} \int_0^D Q^*(t) dt \leqslant R
\end{aligned}
\tag{4.13}
$$

其中, r 表示时间偏好(贴现率), $0 < \gamma < 1$。构建拉格朗日函数：

$$L = \int_0^D \left\{ SW(t) \cdot e^{-rt} - \lambda [Q^*(t) - R] \right\} dt \tag{4.14}$$

考虑到 $P_u(t) \geqslant 0$ 以及 $p(t) \geqslant 0$,如果资源存储量足够多,那么式

(4.13)规划的约束条件永远不取等号,那么此时的最优结果是:

$$Q^*(t) = \frac{A - \gamma - c - \alpha}{b}$$

$$T(t) = \alpha$$

不难得知,在这种情况下,最终资源型产品的价格为 $p = \gamma + c + \alpha$,没有任何的价格加成。政府征收资源税的唯一作用就是纠正资源开采使用过程中的外部性。而此时在规划期内,资源的开采使用总量为 $\frac{A - \gamma - c - \alpha}{b} \cdot D$。也就是说,如果 $R > \frac{A - \gamma - c - \alpha}{b} \cdot D$,那么政府收取资源税的目的变成单一目标,即纠正外部性。

如果资源存储量比较少,满足 $R \leqslant \frac{A - \gamma - c - \alpha}{b} \cdot D$,那么在式(4.13)的动态优化中,约束条件起作用,此时根据拉格朗日函数,得到动态规划模型式(4.13)的欧拉方程:

$$T(t) = (1 + \frac{1}{M})\left[\lambda e^{rt} + A - \frac{A - \gamma - c}{M}\right] \tag{4.15}$$

利用约束条件可得到:

$$\lambda(t) = \frac{[(A - \gamma - c - \alpha)D - br]}{e^{rD} - 1} \tag{4.16}$$

$$Q^*(t) = \frac{A - \gamma - c - \alpha}{b} + [R - (A - \gamma - c - \alpha)D/b] \cdot \frac{r \cdot e^{rt}}{e^{rD} - 1} \tag{4.17}$$

$$T(t) = (1 + \frac{1}{M})\left\{[(A - \gamma - c - \alpha)D - bR] \cdot \frac{r \cdot e^{rt}}{e^{rD} - 1} + \alpha\right\}$$

$$- \frac{A - \gamma - c}{M} \tag{4.18}$$

其中,式(4.17)代表了在完全竞争情况下的资源型产品消费数量。为了最大化规划时期内的社会总福利,可耗竭资源的最优开采时间路径,等式(4.18)表示在相应的 t 时期政府应设置的最优资源税率。

三、比较静态

观察式(4.17),我们可以看到,资源型产品的最优产量以及资源的最

优开采使用量 Q^* 由两项组成,第一项 $\dfrac{A-\gamma-c-\alpha}{b}$ 代表了无资源约束

(静态)情况下的最佳开采量;第二项 $\left[R-(A-\gamma-c-\alpha)D/b\right] \cdot \dfrac{r \cdot \mathrm{e}^{rt}}{\mathrm{e}^{rD}-1}$

代表了由于资源存储量约束带来的政府资源税而使得资源开采使用数量
的减少,即假设可耗竭资源的储量小于其资源型产品在这种市场结构和
政府资源税政策下在规划时期内的市场消费量,该假设确保了这种可耗
竭资源有必要通过政府征收资源税来限制规划时期内的开采量。由于 R

$\leqslant \dfrac{A-\gamma-c-\alpha}{b} \cdot D$,因此第二项是负的。也就是说,在资源存储量存在

约束的情况下,资源最优开采使用量要少于无资源约束情况下的资源开

采使用量。而且,$\dfrac{\partial}{\partial t}\left[R-(A-\gamma-c-\alpha)D/b\right] \cdot \dfrac{r \cdot \mathrm{e}^{rt}}{\mathrm{e}^{rD}-1} \leqslant 0$,意味着随着

时间推移,其在无约束资源开采使用量基础上,减少的开采数量增多。这
一结果是符合直觉的。在存在资源约束的情况下,随着时间推移,资源存
储量不断减少,那么资源的稀缺性则不断提高,因此资源的开采使用就变
得越加节约。

　　而观察式(4.18),我们也可以看到,最优资源税的设定不仅取决于资
源开采使用的外部性,也取决于资源的储存量和市场结构。总体而言,由
于资源具有稀缺性,最优的资源税随着时间的推移而不断增加,但是增加

的速度则取决于其他因素。首先,由于 $\dfrac{\partial^2 T(t)}{\partial R \partial t}<0$,这意味着,资源存储

量越多,资源税随着时间推移的增长幅度就越小(见图 4.2)。

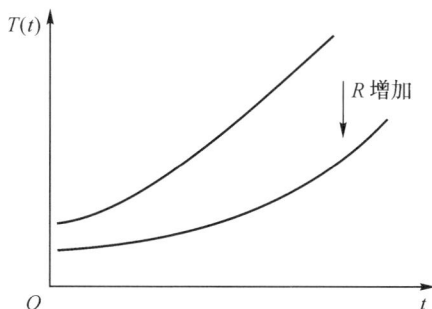

图 4.2　最优资源税税率的时序变化

而市场竞争结构对资源税的影响则在不同的时段不尽相同。考虑到

$$\frac{\partial T}{\partial M} = -\frac{1}{M^2}\left[\frac{r\mathrm{e}^{rt}}{\mathrm{e}^{rD}-1}\left[(A-\gamma-c-\alpha)D-R\right]-(A-\gamma-c-\alpha)\right]$$

(4.19)

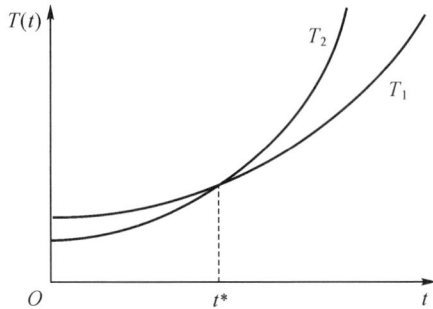

图 4.3 不同市场竞争结构下的最优资源税

其正负取决于资源的稀缺程度,资源稀缺度越高,则式(4.19)越有可能为负。而随着时间的推移,资源不断被开采利用,导致资源的稀缺程度增高,因此,在这种情况下,竞争越激烈的市场,则其税率的增长率反而会越高(见图 4.3)。图中,T_1 和 T_2 分别代表上游市场有 M_1 和 M_2 家资源开采企业的最优资源税,其中 $M_1 > M_2$ 。可以看到,在早期,当资源稀缺性不是很高的时候,上游竞争越激烈,则最优的资源税应该越高,以抑制资源的快速消耗。而随着时间的推移,资源的稀缺性足够高的时候,资源市场竞争不充分(较小的 M)会导致资源价格加成过高,从而损害下游企业和消费者的福利。此时,政府应该通过降低资源税来抵消这一福利损失。

另外,由于 $\dfrac{\partial T}{\partial b} = -\left(1+\dfrac{1}{M}\right)\dfrac{Rr}{g^{rD}-1}\cdot \mathrm{e}^{rt} < 0$ 以及 $\dfrac{\partial^2 T}{\partial b \partial M} > 0$,意味着市场需求的价格弹性越大,则最优的资源税税率应该越低。这是因为,当市场对资源型产品的需求价格越敏感的时候,那么价格上升会导致需求显著降低。此时,资源税税负应该降低,以避免消费者被挤出,使得市场总剩余最大化。考虑到市场竞争增加(M 增加)有助于降低市场价格,从而增加需求,政府应当提高资源税以避免资源的过度开采使用。

同样的,由于 $\dfrac{\partial T}{\partial R} = -\left(1+\dfrac{1}{M}\right)\dfrac{br}{g^{rD}-1}\cdot \mathrm{e}^{rt} < 0$ 以及 $\dfrac{\partial^2 r}{\partial b \partial M} > 0$,意味

着资源存储量越大,最优税率就越低。也就是说,当资源稀缺程度上升,政府应当通过提高资源税率,以维持比较合理的资源开采使用速度。而相对应的,此时,如果资源开采市场竞争加剧,那么会进一步加剧资源紧缺,因此政府应该进一步提高资源税税率以优化资源开采使用速度。

最后,再来看优化期限问题,我们发现:

$$\lim_{D \to +\infty} T(t) = \left(1 + \frac{1}{M}\right)e^{rt} \lim_{D \to +\infty} \frac{A - \gamma - c - \alpha}{e^{rD}} + \left(1 + \frac{1}{M}\right)\alpha$$

$$- \frac{A - \gamma - c}{M}$$

$$= \left(1 + \frac{1}{M}\right)\alpha - \frac{A - \gamma - c}{M}$$

也就是说,当优化期限为无穷大时(此时隐含的假定资源存储量无穷大),政府最优的资源税是一个不随时间变化的常数。在其他参数不变的前提下,在无限期内政府应设置的固定最优资源税率与单位资源型产品对社会造成的负外部效应(α)、资源型产品的生产技术(γ)、资源开采技术(c)、资源开采市场竞争结构(M)以及最终产品市场的规模(A)相关。

具体而言,(1)资源型产品生产消费的外部性越大,则资源税最优税率越高。特别考虑到当 $\alpha \geqslant \frac{A - \gamma - \beta}{M + 1}$ 时有 $T \geqslant 0$ 以及 $\alpha < \frac{A - \gamma - \beta}{M + 1}$,$T < 0$。也就是说,在资源存储量没有约束的情况下,政府征收正的资源税仅当资源开采使用的负外部性足够大,否则政府应该对资源开采使用采取补贴。这一结果看似比较奇怪,但仔细梳理其背后的机制,则并不违背逻辑。由于资源开采是一个不完全竞争市场,资源出售的价格高于资源开采的成本。在资源稀缺的情况下,这一不完全竞争市场尽管扭曲资源的配置,但有助于节约使用资源。但是在资源并不稀缺的情况下,不完全竞争的资源开采市场上,存在资源使用不足(从而资源型产品供给不足)的问题,因此需要政府通过补贴来增加供给,减少不完全竞争带来的扭曲。(2)资源开采成本和资源型产品生产成本越高,则最优资源税税率越低。换句话说,资源开采和资源型产品生产效率越高,则最优资源税也越高。这是因为资源税相当于资源开采成本,当资源开采成本降低时,资源开采速度就会加快,从而导致资源过度使用,因此需要通过提高资源税

来加以纠正。(3)在最优资源税为正的情况下①,资源税税率应该随着资源开采企业数量的增加而增加。这是因为资源开采企业数量越多,则资源开采速度越快,必须通过提高资源税来抑制资源开采速度。(4)市场规模越大,则资源税税率越低。这是因为规模越大的市场,意味着资源的社会价值越大,从而在贴现率不变的情况下,应该通过降低资源税税率来增加资源供给。

第三节　拓展模型

一、寡头垄断市场

假设下游资源型产品市场上共有 N 家的企业($N \geqslant 1$ 为固定参数),这些企业各自通过数量竞争制定生产策略并且天真地认为其他企业不会改变原有的产量(古诺模型)。单家下游企业的决策函数为:

$$\max_{q_i} \pi_i = [A - b(q_i + \sum_{j \neq i} q_j)]q_i - (\gamma + P_u)q_i \tag{4.20}$$

其中,q_i 表示该资源型产品生产企业的产量,$\sum_{j \neq i} q_j$ 表示除这家企业外其他下游资源型产品生产企业的总产量。通过式(4.20)的一阶条件,以及最终产品市场达到均衡的约束条件 $\sum_{j \neq i} q_j = (N-1)q_i$,解得 $q_i(t)$ 和资源型产品的价格 $p_u(t)$:

$$q_i(t) = \frac{A - \gamma - p_u}{(N+1)b} \tag{4.21}$$

$$p_u(t) = A - \frac{N}{N+1}(A - \gamma - p_u) \tag{4.22}$$

单家资源供应企业的决策问题为:

$$\max_{q_i^r} \pi_i^r = p_u q_i^r - [c + T(t)]q_i^r \tag{4.23}$$

$$\text{s.t. } q_i^r + \sum_{j=i} q_j^r = Nq_i \tag{4.24}$$

---

① 这意味着 $\alpha \geqslant \frac{A-\gamma-c}{M+1}$。后文除特殊标明外,均假设 $\alpha \geqslant \frac{A-\gamma-c}{M+1}$。

其中,q_i^r 表示该资源开采供应企业的产量,$\sum_{j=i} q_j^r$ 表示除了这家企业外其他资源供应企业的总产量。通过式(4.23)的一阶条件,以及市场达到均衡的约束条件 $\sum_{j=i} q_j^r = (M-1)q_i^r$,解得当中间产品市场和最终产品市场都达到均衡时各变量的值:

$$Q^*(t) = \frac{A - \gamma - c - T(t)}{(\frac{1}{N}+1)(\frac{1}{M}+1)b} \tag{4.25}$$

$$p_u^*(t) = A - \gamma - \frac{M}{M+1}[A - \gamma - c - T(t)] \tag{4.26}$$

$$p^*(t) = \frac{A - A - \gamma - c - T(t)}{(\frac{1}{N}+1)(\frac{1}{M}+1)} \tag{4.27}$$

此时,市场总剩余为:

$$SW(t) = \int_{q=0}^{Q^*} (A - bq - \gamma - c - \alpha)\mathrm{d}q$$

$$= \left[A - \gamma - \alpha - \frac{A - \gamma - c - T(t)}{2\left(\frac{1}{N}+1\right)\left(\frac{1}{M}+1\right)} \right] \frac{A - \gamma - c - T(t)}{\left(\frac{1}{N}+1\right)\left(\frac{1}{M}+1\right)b} \tag{4.28}$$

其中,$Q^*(t)$表示在 t 时期资源型产品(可耗竭资源)的行业均衡产量,$SW(t)$表示在 t 时期在资源型产品的中间产品市场和最终产品市场上生产者、消费者和政府能够得到的社会总福利。

参照上一节的基础模型,构建寡头垄断市场上的资源开采动态规划模型:

$$\max_{T(t)} \int_0^D SW(t) \cdot \mathrm{e}^{-rt} \mathrm{d}t \tag{4.29}$$

$$\mathrm{s.\,t.} \int_0^D Q^*(t)\mathrm{d}t = R \tag{4.30}$$

构建拉格朗日函数:

$$L = \int_0^D [SW(t) \cdot \mathrm{e}^{-rt} - \gamma Q^*(t)]\mathrm{d}t + \lambda R \tag{4.31}$$

根据函数(4.31)解得动态规划模型(4.29)的欧拉方程:

$$\frac{\partial}{\partial T}([SW \cdot \mathrm{e}^{-rt} - \lambda Q^*(t)]) = 0$$

得到:

$$T(t) = \left(\frac{1}{N}+1\right)\left(\frac{1}{M}+1\right)\lambda e^{rt} + \left(\frac{1}{N}+1\right)\left(\frac{1}{M}+1\right)\alpha$$
$$- (\alpha - \gamma - \beta)\left[\left(\frac{1}{N}+1\right)\left(\frac{1}{M}+1\right)-1\right] \quad (4.32)$$

利用式(4.30)解得 $\lambda(t)$ 和 $T(t)$:

$$\lambda(t) = \frac{(A-\gamma-\beta-\alpha)Dr - bRr}{e^{rD}-1} \quad (4.33)$$

$$T(t) = \left(\frac{1}{N}+1\right)\left(\frac{1}{M}+1\right)\frac{(A-\gamma-c-\alpha)Dr - bRr}{e^{rD}-1}e^{rt}$$
$$+ \left(\frac{1}{N}+1\right)\left(\frac{1}{M}+1\right)\alpha$$
$$- (A-\gamma-c)\left[\left(\frac{1}{N}+1\right)\left(\frac{1}{M}+1\right)-1\right] \quad (4.34)$$

$$Q^*(t) = \frac{A-\gamma-c-\alpha}{b} - \frac{(A-\gamma-c-\alpha)D\gamma - bRr}{e^{rD}-1}e^{re} \quad (4.35)$$

式(4.34)表示在相应的 t 时期政府应设置的最优资源税率;式(4.35)代表了在寡头垄断的资源型产品消费市场上,为了最大化规划时期内的社会总福利,可耗竭资源的最优开采时间路径。

二、比较静态分析

参照上一节,我们同样假设资源具有稀缺性,且满足 $R \leqslant \frac{(A-\gamma-c-\alpha)D}{b}$。对式(4.34)进行比较静态分析,发现当最终产品市场的市场结构为寡头垄断时,在完全竞争的最终产品市场上证明的关于最优资源税结论也成立,同时得到一些新的结果。

首先,不难观察:

$\frac{\partial T}{\partial N} = \frac{1}{N^2}\left(\frac{1}{M}+1\right)\left[A-\gamma-c-\alpha - \frac{(A-\gamma-c-\alpha)Dr - bRr}{e^{rD}-1} \cdot e^{rt}\right]$,意味着资源税的初始值随着 N 的增加而减少。但是,资源型产品市场竞争越激烈,则资源税随时间推移的增长率就越低。如图 4.4 所示,曲线 T_1 表示共有 N_1 家下游企业时最优资源税的时间函数,曲线 T_2 表示共有

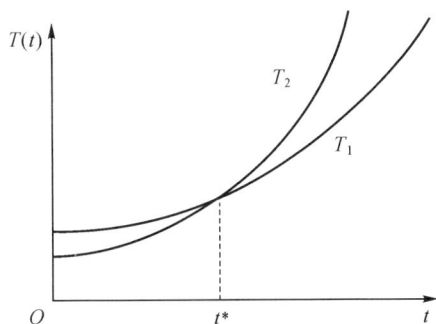

图 4.4　垄断竞争市场的资源税税率

N_2 家下游企业时的最优资源税的时间函数,其中 $N_1 > N_2$。

其次,考虑到政府最优化开采时间 D,我们发现当最优化开采时间趋向无穷大时,有:

$$T^*(t) = \left(1+\frac{1}{M}\right)\left(\frac{1}{N}+1\right)e^{rt}\lim_{D\to+\infty}\frac{A^*-\gamma-c-\alpha}{e^{rD}} + \left(1+\frac{1}{M}\right)\left(\frac{1}{N}+1\right)\alpha$$
$$-(A-\gamma-c)\left[\left(\frac{1}{N}+1\right)\left(\frac{1}{M}+1\right)-1\right]$$
$$=\left(1+\frac{1}{M}\right)\left(\frac{1}{N}+1\right)\alpha-(A-\gamma-c)\left[\left(\frac{1}{N}+1\right)\left(\frac{1}{M}+1\right)-1\right]$$

$$(4.36)$$

显然,在无限期内政府应设置固定最优资源税率 T^*,该税率与时间无关,只与上下游企业的生产技术、市场结构和最终资源型产品市场潜在规模相关。特别的,当下游资源型产品市场竞争越激烈(N 越大),则最优税率越高。其余参数对最优税率的影响与上一节相同。

第四节　本章小结

本章通过一个纵向关联市场的动态最优化,探讨了资源税的最优税率问题,并进一步讨论了在资源型产业链中不同的中间产品市场和最终产品市场的竞争程度下可耗竭资源的最优开采时间路径以及相应的最优资源税,通过比较静态分析得出结论——市场的竞争程度对政府最优资源税的设置的影响。具体而言,我们发现:

（1）当资源足够充裕时，资源税的设置只需考虑资源开采使用过程中的外部性问题。也就是说，资源税在资源充足的情况下，并不具有调节资源跨期配置的功能，而仅需要纠正外部性即可。只有在资源具有稀缺性的情况下，资源税才具有调节资源跨期配置的功能。

（2）资源税税率的确定，需要综合考虑资源开采使用的外部性、资源存储量水平、资源型产品产业链上相关企业的生产技术、市场竞争结构以及最终产品的市场需求规模。总体而言，资源开采使用（负）外部性越高的行业，资源税税率应该越高；资源越稀缺，资源税税率越高；资源型产品产业链上相关企业的生产技术越高，则资源税税率越高；市场竞争越激烈，资源税税率越高；市场需求规模越大，则资源税税率越低。

（3）政府出于不同长度的规划时期的考虑，应该采用的资源税征收策略也有所不同。随着政府规划长度的增长，在同一时期政府应征收的资源税呈现先增大后减小的趋势。因此，出于政府资源税政策的简洁性，同时为了未来发展考虑，政府应该规划无限期长度的资源税问题，向纳税人征收固定的资源税。

第五章 最优资源税:基于 CGE 模型的考察

上一章,我们从理论定性的层面讨论了最优资源税税率问题。本章我们将结合我国经济结构,通过构建一个可计算一般均衡模型(CGE 模型),研究我国资源税改革的经济效应,包括资源税综合税率的提高对宏观经济指标、产业结构、资源消耗量以及资源税税收等的影响。在此基础上,探讨我国资源税改革面临的宏观经济成本范围内的合适路径。

第一节 研究背景与文献

我国的资源税费自 1984 年开征以来,历经 30 多年的变革与发展,从最初的超额累进从价税到后来的从量计征,如今,逐渐全面实现社会主义市场经济下的从价资源税。煤炭资源税开始实施从价计征改革(税率幅度为 2%～10%),同时清理相关收费基金。此外,原油、天然气矿产资源补偿费费率降为零,相应将资源税适用税率由 5% 提高至 6%(财税〔2014〕73 号);全面清理涉及煤炭、原油、天然气收费基金(财税〔2014〕74 号);实施稀土、钨、钼资源税清费立税、从价计征改革(财税〔2015〕52 号)。资源税在我国财政体系中发挥着调节资源级差收入、体现国有资源有偿使用等重要功能。因此,随着资源税改革的逐步推进,资源税改革的经济效应引起了国内学界的广泛关注。本章对资源税经济效应的研究主要关注资源税综合税率的变化对经济的影响,全面探讨各资源税应税税种税率变化的影响(包括煤炭、石油、天然气、金属与非金属等),通过建立一个包含资源要素投入的 CGE 模型,在一般均衡体系内讨论资源税税率变化对资源要素、资源型产品的价格和需求变化以及行业产业影响及宏观经济成本等。

一、已有的研究

国外学者对资源税的研究起步较早,初期的研究主要关注资源税对可耗竭资源开采消耗的影响。Hotelling(1931)最早对可耗竭资源的开采利用进行研究,假定资源存储量是外生给定的,计算发现对可耗竭资源征收税收可以改变资源产量的时间分布,称之为"时间倾斜"效应,由此提出可以通过资源税收政策以经济手段调节资源的开采速率,增加可耗竭资源的使用年限。Dasgupta 等(1980)以 Hotelling 模型为基础,发现税收政策通过改变资源价格从而影响可耗竭资源的开采速率,资源的开采消耗与竞争市场上资源价格的变化率成正比,资源的价格变化越快,资源的消耗速度就越快。Gamponia 等(1985)从预期的角度研究,认为政府可以通过相应的资源税收政策改变人们对未来税收的预期从而控制资源的消耗速度,并且指出资源税对改善社会福利最有效,而资源税的税率由基期价格决定。Slade(1986)则认为资源税对可耗竭资源的影响取决于资源税税率变化率与市场利率的相对值:当资源税税率变化率大于市场利率时,资源开采速度加快;当资源税税率变化率小于市场利率时,资源开采速度减缓。

不少研究关注资源税的社会经济福利以及最优税率设计。Foley 等(1982)以美国 47 家主要铜矿企业为研究对象,模拟设定不同的资源税税率,结果显示不同地区的铜矿生产对资源税税率变化的敏感性存在差异,而政府的税收收益随资源税税率的提高呈现先增加后减少的趋势。Ekins(1999)通过对欧洲各国的环境税征收情况调查发现,环境税费在总税负中的比例不断增大,有些国家甚至考虑将劳动税收系统性地转向环境税,这表明欧洲国家正试图通过对环境影响环节征收主要税收迫使企业提高资源利用效率,达到经济发展与环境保护的协调一致。Eisenack 等(2012)运用博弈理论分析发现在环境污染成本控制和保护方面,资源税比环境税更有效果。也有不少学者通过建立经济模型进行定量研究。

Parry 等(2002)考虑交通拥挤、交通事故成本和环境污染成本的情况下建立资源 CGE 模型,通过均衡分析求出英美两国的最优汽油税税率。Bovenberg 等(1998)通过构建一般均衡模型,计算得出矿产资源税的最佳税率以及矿产资源税对产业布局效率的影响。Hung 等(2009)则利用霍特林模型研究比较不同资源税征收方式的效果,研究结果显示从价征收明显优于从量征收,可以带来更大的社会福利。

从国外学界对资源税的研究进程可以看出,国外学界对资源税研究涉及的范围广,研究程度深。而且国外学界普遍倾向于建立各种数理经济模型对资源税进行定量研究,通过计算分析得到资源税的计征方式、税率等方案。

国内学界普遍认为我国现行的资源税政策征收范围窄、资源税税率低,而且面临资源型产品价格的持续波动的现状,从量计征的方式难以起到有效的调节作用。因此,建议我国推进资源税改革,在从价计征的基础上,适当提高资源税税负水平,有效发挥其增加财政收入、调节资源开采消耗速度等功能。

资源税的经济效应主要体现在宏观经济成本、能源消费、产业结构和行业影响等方面。徐晓亮(2011)构建资源 CGE 模型,发现资源税税率提高对 GDP 影响较小,但会导致总产出下降和总储蓄、总投资增加,使总进口增加和总出口减少。林伯强等(2012)在 5%、7% 和 12% 的模拟税率下,发现宏观经济成本均在可接受范围内,最高 12% 煤炭资源税税率下,GDP 损失为 0.38%,就业损失为 0.35%,直接提高出口产品的成本并导致出口下降。郭菊娥等(2011)和刘宇等(2015)认为,资源税提升(5% 的税率)对 CPI 影响较小且对经济有微弱的负面冲击。时佳瑞等(2015)认为,煤炭资源税改革会对我国的国内生产总值产生一定的负向影响,且税率越高,对经济的负向冲击效果就越明显,但整体上影响有限且随着时间逐渐递减。

李冬梅等(2014)研究发现,资源税负的提高会直接增加资源开采企业的成本,进而影响企业的开采和生产,提高开采效率,同时资源消耗企业的消费量将减少。徐晓亮等(2015)通过模拟税率区间发现资源税改革能有效降低主要污染物排放、单位 GDP 能耗和能源消耗总量,提高能源利用效率。当采用 10％的税率时，可以有效抑制 CO_2 和 SO_2 的排放，但短期会降低 GDP 增长，抑制开采业、工业、能源、运输业和农业等产业总产出。郭菊娥等（2011）测算了从价征收不同煤炭资源税税率对不同产业的影响效应。

也有一些学者通过建立经济模型（如 CGE 模型）进行了定量研究。时佳瑞等（2015）构建了测算中国煤炭资源税改革影响的 40 个部门的动态递归 CGE 模型，研究了在 2％、5％和 8％三种从价税率下，资源税对我国宏观经济、能源消费以及碳排放三个方面的动态影响。刘宇等（2015）利用 CGE 模型，在无税收返还电价管制、无税收返还电价市场化、税收返还电价管制、税收返还电价市场化四种情景下，模拟征收 5％的煤炭资源税对中国宏观经济的影响。徐晓亮（2012）根据我国社会经济发展水平分不同区域构建动态多区域 CGE 模型，并以石油资源为例研究差异化税率设置的影响。

张春林（2006）通过资源价值评估方法，从代际补偿、产业替代、通货膨胀率三个角度分析，提出主要矿产资源资源税税率标准，并认为当下资源税税率应当调整到 10％以上，原油资源税和天然气资源税税率暂可分别设定为 12.61％和 11.17％。叶志辉（2009）采用引入政府部门的 CGE 模型，对燃油税税率进行定量分析，并利用枚举法寻找提高全社会福利水平的最优燃油税税率，结果表明，在当前的收入水平下，最优的燃油税平均税率为 20.8％，此税率下将减少 17.9％的石油消耗量，增加 0.4％的消费者总效应，同时改善全社会的福利水平。殷爱贞等（2013）建立资源 CGE 模型，研究表明当前选取 4％作为平均资源税税率比较合适。徐晓亮等（2012）同样通过构建 CGE 模型，采用从价资源税并参考国内预期税率区间和发达国家的税率区间，以 2012 年、2015 年和 2018 年为模拟年份，分析比较不同税率区间对税收总量、收入支出、资源消费和社会福利的影响，并认为资源税的税率区间应根据国家社会经济发展状况决定。

随着煤炭资源税改革的启动，我国资源税基本全面完成了从量税向从价税的转变。关于资源税改革的政策效果引起了学界的争论。

大部分学者认为我国目前资源税的征收范围窄，亟须扩大征收范围（依绍华，2008；张春林，2006；曹爱红等，2011；李冬梅等，2014）并提高税率(孙钢,2007;徐瑞娥,2008;郭菊娥等,2011),而针对我国目前存在的税费不清等问题,部分学者建议改变现有的计税依据,税费合并,改费为税(依绍华,2008;郭菊娥等,2011;辛洪波,2013)。

综观国内外关于资源税研究的文献,对于资源税的功能界定较为明确,主要体现为调节资源级差收益,保护资源合理开采使用。学界对资源税的经济效应研究主要体现在宏观经济影响、财政收入、能源消费、环境负外部性和行业影响等。学界普遍认为,资源税税率的提高将明显增加财政收入,并有助于降低能耗,减少污染物排放(徐晓亮,2011;殷爱贞等,2013;徐晓亮等,2015)。而资源税对 GDP 和 CPI 的短期和长期影响的研究结论尚存分歧,其对不同行业产业的影响效应在各研究成果中也存在较大的差异。资源税改革的短期和长期经济成本制约着改革的进程,而改革的效果是否能有效调整产业结构,以短期成本换取长期的企业生产效率的提高也成为目前学界和政府的关注点。

目前的研究大多只着眼于煤炭资源税或石油资源税的改革,研究单一税种改革的经济效应,而很少能够全面综合考虑现行资源税政策全部应税税种税率的变化影响,分析从价征收下各税种不同税率的经济效应。因此,研究成果大多局限于资源税对煤炭行业的影响,而很少能够涉及其他行业(如重工业、轻工业、其他矿产资源行业以及产业结构)的分析影响。在资源税政策研究上,仅关注现有资源税税种的税制改革,而很少涉及资源税征收范围的定量分析。

二、我国的资源现状及资源税政策

1. 我国的资源现状

我国是资源生产与消费第一大国。2014 年,我国一次能源、十种有色金属、粗钢与黄金产量均位居全球首位。其中,一次能源生产总量高达36 亿吨标准煤,消费总量为 42.6 亿吨标准煤(其中煤炭占 66%,水电、风电、核电、天然气等占 16.9%);原煤产量 38.7 亿吨,原油产量 2.1 亿吨(全球第四),天然气产量 1301.6 亿立方米(全球第六);铁矿石产量 15.1亿吨,粗钢 8.2 亿吨,钢材 11.3 亿吨;十种有色金属产量 4380.1 万吨(其中精炼铜 764.4 万吨,电解铝 2751.7 万吨),黄金产量 458.1 吨;水泥产量 24.8 亿吨,平板玻璃 7.9 亿重量箱,钾肥 610.5 万吨,磷矿石 1.2 亿吨。此外,我国 2014 年矿产品贸易总额为 1.09 万亿美元,其中,进口煤炭 2.9 亿吨,石油 3.38 亿吨,铁矿石 933 亿吨。[①]

2. 我国的资源税政策

我国的资源税税收政策最早于 1984 年出台,当时的资源税税目仅包括煤炭、石油和天然气三种。根据《资源税若干问题的规定》(1984),当时的资源税以实际销售收入为计税依据,采用"超额累进税率"。这一时期资源税主要是为了调节资源开采中的级差收入,促进资源合理开发利用,其宗旨是调节开发自然资源的单位因资源结构和开发条件的差异而形成的级差收入。

由于当时我国的资源类产品实行稳定的计划价格,使得该计征方式在当时的资源税征收上并没表现出相应的优势,反而弊端诸多。因此,1986 年起我国资源税的征收方式逐渐改为从量征收,随后新纳入征收范围的铁矿石也采用了从量征收方式。

1993 年,国务院修订颁布了《资源税暂行条例》,从 1994 年 1 月 1 日起,资源税对开采应税矿产品和生产盐的单位,实行"普遍征收、级差调节"的从量定额征收新税制,征收范围扩大到所有矿种的所有矿山,不管企业是否盈利。

随着我国市场经济的发展,资源品尤其是煤炭、石油等的价格开始大幅波动并持续上涨,从量计征的方式难以有效对价格的波动及时作出反应,其调节性功能大大减弱。2010 年 6 月 1 日,财政部印发《新疆原油天然气资源税改革若干问题的规定》,率先在新疆进行原油、天然气资源税改革试点,改从量计征为从价计征,税率 5%。同年 12 月,资源税改革试点扩大到西部 12 省区,但此轮资源税改革并没有涉及煤炭资源税。2011年 10 月 10 日,国务院正式发布《国务院关于修改〈中华人民共和国资源税暂行条例〉的决定》并于 11 月 1 日执行,此次资源税改革提高了焦煤资源税税率,为 8～20 元/吨,其他煤种仍维持 0.3～5 元/吨,但煤炭资源税仍然从量计征。直至 2014 年 10 月 9 日,《关于实施煤炭资源税改革的通

---

① 数据来源:《2015 中国矿产资源报告》。

知》(财税〔2014〕72 号)正式发布,煤炭资源税开始实施从价计征改革(税率幅度为 2%～10%),同时清理相关收费基金。此外,原油、天然气矿产资源补偿费费率降为零,相应将资源税适用税率由 5%提高至 6%(财税〔2014〕73 号);全面清理涉及煤炭原油天然气收费基金(财税〔2014〕74 号);实施稀土、钨、钼资源税清费立税、从价计征改革(财税〔2015〕52 号)。

长期以来,我国煤炭、石油、天然气等实行从量定额计征且税率偏低,计税依据缺乏弹性,调节机制不灵活。同时,资源型企业还需缴纳一些收费基金,与资源税在性质、征收环节及对象、方式等方面基本相同,存在费重税轻、税费结构不合理、重复征收等问题。此轮资源税的改革涉及面广、力度大,煤炭、稀土、钨、钼等资源开始实施从价计征,同时全面清理涉及煤炭原油天然气收费基金,原油、天然气矿产资源补偿费费率降为零,相应将资源税适用税率由 5%提高至 6%。我国资源税税目税率表见表5.1。清费立税和资源税税制改革的推进,有利于理清资源税费关系,规范财税秩序,堵住地方乱收费的口子,减轻企业税费负担;同时有利于完善资源产品价格形成机制,促进资源合理开采利用,加快经济发展方式转变。

表 5.1 我国资源税税目与税率(2015 年)

税目	税率	计税单位
一、原油	6%	
二、天然气	6%	
三、煤炭	2%～10%	
四、其他非金属矿原矿		
普通非金属矿原矿	0.5～20	吨或立方米
贵重非金属矿原矿	0.5～20	千克或克拉
五、黑色金属矿原矿		
铁矿石	10～25	吨
锰矿石	6	吨
铬矿石	3	吨

续　表

税目	税率	计税单位
六、有色金属矿原矿		
稀土矿		
1.轻稀土矿（包括氟碳铈矿、独居石矿）	内蒙古为 11.5%、四川为 9.5%、山东为 7.5%	
2.中重稀土矿（包括磷钇矿、离子型稀土矿）	27%	
钨	6.5%	
钼	11%	
其他有色金属矿原矿	0.4～30	吨
七、盐		
北方海盐	25 元	吨
南方海盐、井矿盐、湖盐	12 元	吨
液体盐	3 元	吨

资料来源：《中华人民共和国资源税暂行条例实施细则》以及财政部文件。

我国 2007 年资源税税收为 2610244 万元，到 2011 年资源税税收已达 5988255 万元，增长量高达一倍多（见表 5.2）。2008 年、2009 年、2010 年、2011 年我国资源税税收总额增长率分别为 15.56%、12.13%、23.46%、43.42%。其中，2010 年、2011 年的增长速率显著加快，主要原因在于这两年我国启动了资源税试点改革。2010 年的原油资源税和天然气资源税增长率分别为 44.21%、57.59%，而 2011 年的原油资源税和天然气资源税增长率分别为 158.70% 和 170.38%。由此可见，资源税改革（试点改革主要为部分地区的原油和天然气资源税改革）有效地提高了政府财政的资源税税收收入，增强了政府的专项调节功能。

表 5.2　2005—2011 年我国资源税分税种税收情况　　　单位:万元

	2005 年	2006 年	2007 年	2008 年	2009 年	2010 年	2011 年
1.原油	251527	370187	393646	363310	368219	531004	1373696
2.天然气	32122	42899	50253	57980	67567	106276	287350
3.煤炭	381211	545597	729983	861406	960570	1093832	1260421
4.其他非金属矿原矿	332304	455543	582131	670688	899948	1096729	1348487
其中:石灰石	143410	190190	220825	255368	302386	361012	463133
5.黑色金属矿原矿	267814	432672	550915	631625	631869	804826	1050929
其中:铁矿石	246303	404634	521196	587079	592939	757407	992594
6.有色金属矿原矿	62789	119533	190857	318592	327636	397330	500889
7.盐	72703	78962	77598	82162	87528	89120	110745
8.矿泉水、地下水		2197	2622	3251	3489	14592	4287
9.其他	16506	16525	23988	21059	25938	30208	37406
10.税款滞纳金、罚款收入	5054	6036	8251	6288	9401	11555	14045
合计	1422030	2070151	2610244	3016361	3382165	4175472	5988255

资料来源:2006—2012 年《中国税务统计年鉴》。

同时,从图 5.1 可以看到,2011 年、2012 年的资源消耗量得到了有效的抑制,其原因在于资源税的试点改革提高了我国的资源税税率,在资源税收入增加的同时,资源消耗量的增加速度放缓。我国的资源税试点改革取得了良好的成效,资源税对资源消耗开采的速度起到了有效的控制作用。

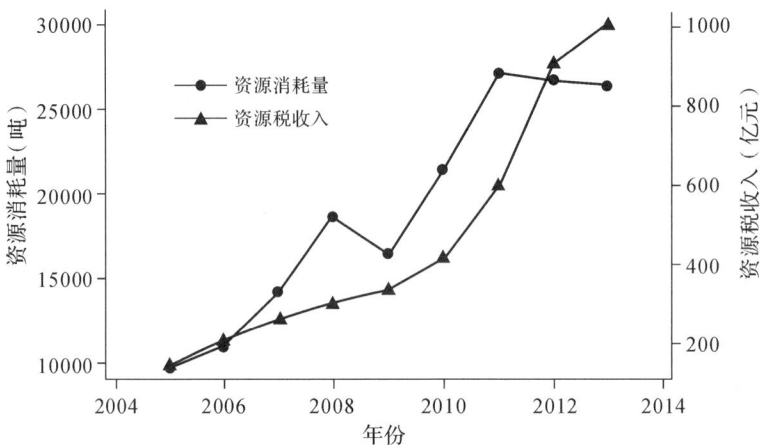

图 5.1 2005—2013 年我国资源消耗量与资源税收入变化情况

第二节　资源 CGE 模型的构建

一、资源 CGE 模型的描述

可计算一般均衡模型(CGE 模型)目前被广泛用于经济学和公共政策定量分析。随着计算机技术的发展,20 世纪 60 年代,一般均衡理论由应用分析开始转向实质性计算。CGE 模型的主要作用在于描述现实的经济结构和运行情况,描述经济体系中各个行为主体的行为方式——生产者、消费者、政府等主体机构在各自的预算约束下追求利润或效用最大化,并在市场机制的调节下达到各个市场的均衡。

CGE 模型一般包括生产者的生产行为、消费者的消费行为、政府的财政收入与支出行为、进出口贸易行为等模块,在市场经济调节作用下达到商品市场、要素市场、资本市场以及政府、居民和国际收支的平衡。

CGE 模型基于一般均衡理论,通过描述经济活动的各个部门以及各个核算账户之间的相互连锁关系,可以对政策和经济活动对经济体系的影响作出定量描述并模拟、预测,因此,被广泛应用于财政税收政策、环境、贸易等领域。

　　本章主要研究资源税改革,即资源税综合税率的变化对经济体系的影响。资源税作为政府的财政税收手段,直接影响资源的价格构成,从而影响社会的总产出和总消费等方面。资源CGE模型主要包括生产模块、主体机构模块(居民、企业、政府)、进出口模块等。资源作为生产模块中生产者的要素投入,资源税为外生的税率,通过影响资源要素的价格对整个经济体系产生影响。目前,我国的资源税征收以销售价格和数量作为计税组成,而我国2007年的矿产品销售收入为14281.47亿元,资源税收入为261.02亿元。

　　资源要素从开采到使用主要经历了开采、加工、投入使用三个过程。因此,资源的生产消费过程体现为三道工序:第一道工序为采矿业的资源开采,第二道工序为资源品生产业的资源加工,第三道工序为资源加工品的使用消费。由于我国资源税以资源销售为计税标准,因此,本研究中各活动部门对资源要素的使用量以矿产品的销售收入(生产部门购买)作为基准,以各个活动部门对采矿业(第一道工序资源品产出)的中间使用作为份额加权平均,数据结果见表5.3。资源经过采矿业的开采得到矿产品,随后,主要进入资源品生产业加工,而各个部门的中间使用和社会消费主要为资源品生产业的产品。

表 5.3　活动部门资源要素使用量

	采矿业(中间使用)	资源要素使用量
农业	330853.56	121864.4475
采矿业	21882623	8060103.039
轻工业	4812934.1	1772764.822
资源品生产业	299317445	110248639.9
重工业	5198855.3	1914912.514
电力等	42974553	15828967.27
建筑业	8916077.5	3284089.978
交通运输业	1515689.4	558279.1778

续　表

	采矿业(中间使用)	资源要素使用量
服务业	2782936.7	1025048.791
总计	387731969	142814670

资料来源:各活动部门资源要素使用量根据 2007 年《中国投入产出表》和 2008 年《中国国土资源统计年鉴》相关数据整理所得。

　　本章构建的资源 CGE 模型基于完全竞争市场和生产规模报酬不变的假设。资源税税率作为外生变量,资源税税率的变化影响资源要素的使用价格,这里主要体现为资源品生产业的资源要素价格和需求的变化,进而影响资源品生产业的产出和价格,并作用于整个经济体系。

　　模型的基本思路如下:首先,构建 CGE 模型的基本模块并确立各部门的行为模式,随后建立资源 SAM 表并计算模型参数;其次,将资源税综合税率作为外生变量,模拟不同税率区间下经济体系的运行情况;最后,分析 CGE 模型的模拟结果,并据此分析判断合理的税率区间和资源税改革的经济效应。

二、资源 CGE 模型的模块

　　可计算一般均衡模型(CGE 模型)相比于局部均衡分析,对政策效果的评估更加全面,目前被广泛应用于税收政策分析。本研究通过建立资源 CGE 模型,并选取不同的税率区间模拟资源税改革的经济效应。我们在《2007 年中国投入产出表》的基础上构建研究过程中用到的资源社会核算矩阵,并据此估计模型中的相关参数。通过建立资源 CGE 模型并模拟不同的资源税税率区间,利用 GAMS 软件对模型编程求解,比较资源税税率变化前后的经济影响。

　　CGE 模型主要包括生产模块、主体机构模块(居民、企业和政府)、进出口模块等。各个行为主体均遵循利润最大化或成本最小化和效用最大化的原则,在完全竞争市场和规模报酬不变的经济环境中达到竞争市场的一般均衡。本研究使用的资源 CGE 模型的闭合采用新古典宏观闭合,实现各个市场价格和数量的出清。本研究的资源 CGE 模型整体结构如

图 5.2 所示。

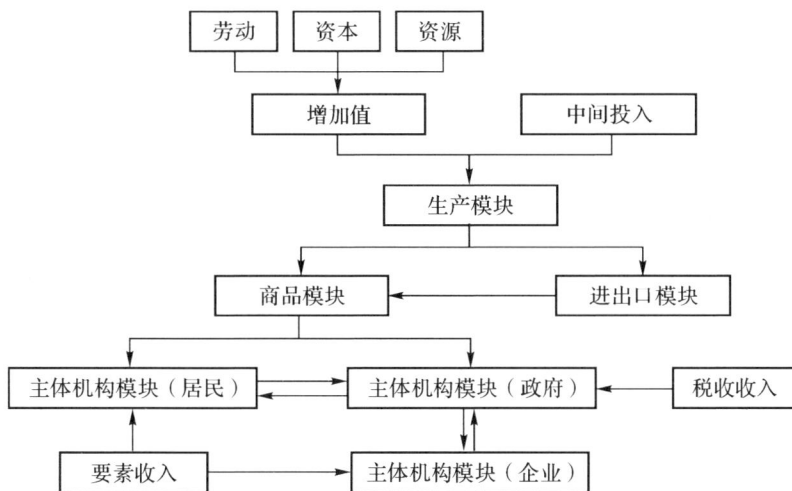

图 5.2　资源 CGE 模型整体结构

　　本章的研究重点在于资源 SAM 表的编制，以及以此为数据基础的资源 CGE 模型的建立及参数估计、税率区间模拟。资源 CGE 模型的基础数据通过在我国 2007 年投入产出表的基础上编制资源 SAM 表得到。根据 2007 年的 42 部门投入产出表我们将生产部门整理为农业、采矿业、资源品生产业、轻工业、重工业、电力等供应业、交通运输业、建筑业、服务业。资源 SAM 表包括活动和商品类、要素类、收入支出类、税收类、储蓄投资类以及国外账户等。模型中生产活动的总产出（CES 函数）、进口模块（Armington 方程）和出口模块（CET 函数）中的替代弹性需要外部给定。在完全竞争市场和生产规模报酬不变的假设下，各个行为主体基于利润或效用最大化的目标，达到竞争市场的均衡，实现各个市场的出清。各类替代弹性参数的取值合理性对 CGE 模型能否尽可能贴近研究对象的经济特征有着重要影响。CGE 模型的宏观闭合条件的选择很大程度决定了 CGE 模型的经济特征。闭合条件是否符合研究问题的经济背景和现实运行情况，将直接影响模型的估计效果，并从根本上影响模拟结果的质量（Lysy et al.，1980）。

　　本研究的资源税模拟税率根据我国现行的资源税从价税率（煤炭

2%～10%,石油和天然气 6%)以及现有文献的预期税率(5%～8%)确定,我们选定的资源税模拟税率为 5%、8%、12%。

1. 生产模块

将资源作为生产部门的要素投入考虑,劳动、资本和资源作为生产要素的投入,通过嵌套与中间投入形成生产部门的总产出。生产模块中的生产函数描述的是社会中代表性企业的生产活动,采用 CES 函数描述企业的生产行为,生产模块的总产出(Q)由增加值(Y)和中间投入总量(X)两部分合成,每一项生产活动的总产出函数设定如下:

$$Q = \Omega \cdot [\delta \cdot Y^p + (1-\delta) \cdot Q_I^p]^{\frac{1}{\rho}} \tag{5.1}$$

其中,Ω 是生产活动的总产出规模参数,δ 是生产活动中增加值的份额,对应的 $1-\delta$ 是中间投入的份额。按照利润最大化,不难算得:

$$\frac{P_Y}{P_I} = \frac{\delta}{1-\delta} \cdot \left(\frac{Q_I}{Y}\right)^{1-\rho} \tag{5.2}$$

这里,P_Y 和 P_I 分别是某项生产活动增加值和中间投入的价格。按照这一结果,价值计算的总产出可以表示成:

$$P \cdot Q = (P_Y \cdot Y + P_I \cdot Q_I) \cdot (1+t) \tag{5.3}$$

其中,P 是某项生产活动总产出的价格(指数),而 t 表示产出的税率。

我们假设生产系统的增加值部分是劳动(L),资本(K)和资源(R)三种投入的柯布-道格拉斯生产函数,可以表示如下:

$$Y = A \cdot L^\alpha \cdot K^\beta \cdot R^{1-\alpha-\beta} \tag{5.4}$$

这里,A 是全要素生产率(TFP),α,β 以及 $1-\alpha-\beta$ 分别表示劳动、资本和资源的产出弹性。由式(5.4)规模报酬不变的假设,按照欧拉方程的分解,不难计算均衡中,必然满足如下等式:

$$w \cdot L = \alpha \cdot P_Y \cdot Y \tag{5.5}$$

$$r \cdot K = \beta \cdot P_Y \cdot Y \tag{5.6}$$

$$p^R \cdot R = \frac{1-\alpha-\beta \cdot p \cdot Y}{1+t^R} \tag{5.7}$$

其中,w,r 和 p^R 分别代表劳动、资本和资源的价格,t^R 为资源税税率。

参照文献的一般做法,我们假设中间品生产满足列昂惕夫生产函数,

因此,对于中间品产出 M,每种商品 c 的投入量 Q_c 可以表示成:

$$QQ_c = \lambda_c \cdot M \tag{5.8}$$

此时生产活动的所有中间投入商品的总价格(成本)为:

$$P_x = \sum_c \lambda_c \cdot P_c \tag{5.9}$$

其中,P_c 表示中间投入品 c 的价格,λ_c 则是中间品生产活动中,投入商品 c 对 M 的产出系数。

2.进出口模块

国内生产活动的总产出分为国内销售(Q_D)和出口(Q_E)两部分,即有:

$$Q = Q_D + Q_E \tag{5.10}$$

以及价值恒等式:

$$P \cdot Q = P_D \cdot Q_D + P_E \cdot Q_E \tag{5.11}$$

其中,P_D 为国内销售价格,P_E 是出口价格。同时,我们假设国际市场为完全竞争市场,生产活动的最终产品在出口市场的竞争均衡意味着价格相等,即有:

$$(1 - t_E) \cdot P_E = P_w \cdot E \tag{5.12}$$

其中,t_E 为出口补贴,P_w 为最终产品世界价格,E 为汇率。这里我们实际上假设世界价格以美元计算,因此汇率为人民币兑换美元的汇率。

类似的,考虑到进口商品量 Q_M,我们有国内实际消费量(供应量)Q_T 满足如下价值恒等式:

$$P_D \cdot Q_T = P_D + P_M Q_M \tag{5.13}$$

进口价格由下式决定:

$$P_M = P_w \cdot (1 + t_m) \cdot E \tag{5.14}$$

其中,t_m 为进口关税税率。

3.主体机构模块

模型中的主体机构包括居民、企业和政府,各个主体机构在预算约束下基于利润或效用最大化作出经济决策,决定了各个主体机构对商品的消费需求。

居民通过提供劳动以及政府的转移支付获得收入,居民的可支配收入为缴纳个人所得税后的税后收入部分减去居民储蓄部分。居民的效用函数为 C－D 型,因此,居民对各商品的消费支出占可支配收入(Y_H)的份额是固定的,记为 δ。其中,居民可支配收入由以下等式表示:

$$Y_H = w \cdot L + T \tag{5.15}$$

其中,T 为政府转移支付。若记 η 为居民边际消费倾向,t^H 为所得税税率,那么居民消费市场均衡意味着:

$$P \cdot Q_H = \gamma \cdot \eta \cdot (1 - t^H) \cdot Y_H \tag{5.16}$$

企业的收入(Y_Q)来源于提供资本和资源要素,即有:

$$Y_Q = r \cdot K + P^R \cdot R \tag{5.17}$$

政府的收入(Y_G)来源于财政税收,包括生产增值税、资源税、所得税、关税。政府的储蓄为政府财政收入与财政支出的差额:

$$Y_G = t \cdot (P_Y \cdot Y + P_X \cdot X) + t^R \cdot P^R R + t^H Y_H$$
$$+ t^Q Y_Q + t_M P_M Q_M - t_E P_E Q_E \tag{5.18}$$

政府消费总额(Q)为政府收入减去对居民的转移支付和政府储蓄,政府储蓄为政府收入的固定比例(记为 k)。因此有:

$$(1 - k)Y_G = P_D Q_G + T \tag{5.19}$$

4.均衡条件

CGE 模型的均衡通过各个市场的出清实现。要素市场、商品市场和国外市场的出清保证了 CGE 模型一般均衡的实现,通过价格和数量的关系转换使得整个经济体系达到竞争均衡。各个市场的均衡条件如下:

商品市场均衡条件:

$$Q_Q = Q_I + Q_H + Q_G \tag{5.20}$$

要素市场的均衡条件:

$$\sum L = L^* \tag{5.21}$$

$$\sum K = (1 - \eta) \cdot (1 - t^H) \cdot Y_H + (1 - t)Y_Q + \eta Y_G \tag{5.22}$$

$$\sum R = R^* \tag{5.23}$$

其中,L^* 和 R^* 分别表示劳动人口总量和资源储藏量。

进出口市场均衡条件:

$$\sum P_M Q_M = \sum P_E Q_E \qquad (5.24)$$

第三节　资源社会核算矩阵

一、资源 SAM 表

自从 20 世纪 60 年代 Richard Stone 建立第一个社会核算矩阵,在世界银行的推动下,世界很多国家都已经建立了本国的社会核算矩阵并用于投入产出、税收政策等研究分析。本研究建立的资源社会核算矩阵基于 2007 年中国投入产出表,部分数据来源于《中国统计年鉴》《中国税务年鉴》《中国财政统计年鉴》《中国金融年鉴》等。

根据 2007 年的 42 部门投入产出表,我们将生产部门整理为农业、采矿业、资源品生产业、轻工业、重工业、电力等供应业、交通运输业、建筑业、服务业等。资源 SAM 表包括活动和商品类、要素类、收入支出类、税收类、储蓄投资类以及国外账户(见表 5.4)。由于进出口模块中,国内生产活动的产出分为国内销售和出口,国内商品供应包括国内生产部门供应和进口,所以这里将活动类和商品类区分开来,便于模型的构建与描述,同时假定每一生产活动部门生产单一商品。此外,营业盈余与固定资产折旧共同计入资本要素的投入,考虑到生产活动中资源要素的购买使用在账户上体现为固定资产的折旧,因此,在编制 SAM 表计算资本要素使用时扣除资源要素部分。固定资本形成、存货增加和其他计入商品账户的投资部分。

资源 SAM 表中各个账户的数据来源及原始数据见表 5.5。为保持初始信息的完整性,SAM 表中大部分数据直接从统计年鉴等资料获取,部分数据通过估算得到,并通过平衡项对不同来源的数据进行平衡处理,避免引起系统整体数据混乱的状况。其中,生产部门的资源要素使用量以矿产品的销售收入(生产部门购买)作为基准,以各个生产部门对采矿业(矿产品)的中间使用作为份额加权平均。各生产部门的资源税以 2007 年各生产部门资源要素使用量为权数由资源税税收总额分摊计算得到。

表 5.4　2007 年资源社会核算矩阵

	活动	商品	劳动	资本	资源	居民	企业	政府	税收	储蓄/投资	国外
活动											
商品											
劳动											
资本											
资源											
居民											
企业											
政府											
税收											
储蓄/投资											
国外											

表 5.5　中国资源 CGE 模型的基础数据（2007 年）

行	列	数据来源及处理	账户	原始数据（万元）
1.活动	2.商品	2007 年中国投入产出表（以下简称 IO 表）	国产内销商品总值	7233179709.67
	8.政府	2008 年中国统计年鉴	出口退税	56350000.00
2.商品	13.国外	IO 表	出口	899059910.05
	1.活动	IO 表	中间投入总值	5528151508.84
	6.居民	IO 表	居民消费	965526184.27
	8.政府	IO 表	政府消费	351909186.20
	12.储蓄/投资	IO 表（固定资本形成＋存货增加＋其他）	投资总额	1127798377.17
3.劳动	1.活动	IO 表	劳动者报酬	1100473000.39
4.资本	1.活动	IO 表	资本收益	1029352963.78

行	列	数据来源及处理	账户	原始数据（万元）
5.资源	1.活动	2008 年中国资源统计年鉴	资源收益	142814669.96
6.居民	3.劳动	IO 表	劳动要素收入	1100473000.39
	8.政府	列余量	政府转移支付	6377983.88
7.企业	4.资本	IO 表	企业资本要素收入	656797641.72
	5.资源	2008 年中国资源统计年鉴	企业资源要素收入	142814669.96
8.政府	6.居民	2008 年中国统计年鉴	个人所得税	31855800.00
	7.企业	2008 年中国统计年鉴	企业所得税	87792500.00
	9.资源税	2008 年中国统计年鉴	资源税	2610244.00
	10.生产税	IO 表	生产税	385187232.74
	11.关税	2008 年中国统计年鉴	关税	75859800.00
9.资源税	1.活动	2008 年中国统计年鉴	资源税	2610244.00
10.生产税	1.活动	IO 表	生产税	385187232.74
11.关税	2.商品	2008 年中国统计年鉴	关税	75859800.00
12.储蓄/投资	4.资本	IO 表	固定资产折旧	372555322.06
	6.居民	列余量	居民储蓄	109469000.00
	7.企业	列余量	企业储蓄	711819811.68
	8.政府	列余量	政府储蓄	168668406.66
	13.国外	列余量	国外储蓄	－234714163.23
13.国外	2.商品	IO 表	进口	664345746.81

资料来源：《2007 年中国投入产出表》以及《中国统计年鉴》《中国资源统计年鉴》、《中国财政统计年鉴》等。

二、模型的参数估计

模型的参数估计和设置是否合理对模型的模拟效果影响较大。资源 CGE 模型中参数主要为份额参数和弹性参数，份额参数基本可以通过资源 SAM 表估算得到,而弹性参数需要外部计算给定。

1. 份额参数

模型中的份额参数主要包括:生产模块份额参数、进出口模块份额参数、收入支出系数等。其中,生产模块中总产出(CES 函数)的规模参数和份额参数、中间投入系数、增加值部分的规模参数和要素份额参数都可以通过资源 SAM 表直接计算得到。进口(CES 函数)和出口(CET 函数)模块的规模参数和份额参数通过 SAM 表数据计算得到。收入支出系数,即居民、企业和政府的收入分配系数,居民和政府对各商品消费需求的系数以及居民的边际消费系数、政府的储蓄率等通过 SAM 表计算得到。

2. 弹性参数

生产模块的总产出(CES 函数)、进口模块(CES 函数)与出口模块(CET 函数)的弹性参数都需要外部给定。总产出的弹性参数值参考 André 和 Cardenete(2009),各部门均设置为 0.1。进口模块和出口模块的弹性参数参考 Devis、de Melo 和 Robinson(1982),樊明太等(1998,1999),石季辉等(2011)的研究成果。具体参数设置见表 5.6。

表 5.6 资源 CGE 模型部分参数设置

部门	出口模块弹性参数(CET)	进口模块弹性参数(CES)
农业	1.409836	-0.75
采矿业	1.980392	0.333333
轻工业	1.363636	-0.333333
资源品生产业	1.222222	0.333333
重工业	1.75188	1
电力等供应业	1.222222	-0.5
建筑业	1.222222	-0.5
交通运输业	1.333333	-0.5
服务业	1.333333	-0.5

第四节　资源 CGE 模型的检验与模拟

一、资源 CGE 模型的检验

通过 2010 年与 2012 年的基础数据,我们对本研究设定的资源 CGE 模型进行检验。利用已知的外生变量的实际数据,我们通过资源 CGE 模型求解在此经济系统下国内生产总值、总产出、总消费、总储蓄、资源消耗量等指标的模拟数据,并将其与实际经济数据相比较,以检验本研究设定的 CGE 模型的运行效果。同时,计算模拟数据与实际数据之间的比较差异。

$$D\% = \frac{模拟数据 - 实际数据}{实际数据} \qquad (5.25)$$

表 5.7　资源 CGE 模型的检验结果　　　　　　　　单位:亿元

	GDP	总产出	总消费	总储蓄	资源消耗量	居民消费	政府消费
2010 年实际	408903	1252645	194115	192300	21351	140759	53356
2010 年检验	409265	1235669	202024	193604	21688	147248	54776
比较	0.09%	−1.36%	4.07%	0.68%	1.58%	4.61%	2.66%
2012 年实际	534123	1601627	261994	242844	26631	190585	71409
2012 年检验	525622	1575739	258966	252773	27311	188168	70798
比较	−1.59%	−1.62%	−1.16%	4.09%	2.55%	−1.27%	−0.86%

通过观察表 5.7 和图 5.3,可以发现 2010 年、2012 年各项经济指标的模拟数据与实际数据相近,相差幅度不超过 ±5%。因此,本研究设定的资源 CGE 模型对我国的宏观经济运行情况拥有较好的预测效果,可用来有效评估我国资源税改革的政策效应。

二、资源税模拟税率区间的设置

经过 2014 年新一轮资源税的改革,我国目前煤炭资源税税率为 2%~10%,石油和天然气资源税税率为 6%,稀土资源税税率为 7.5%~

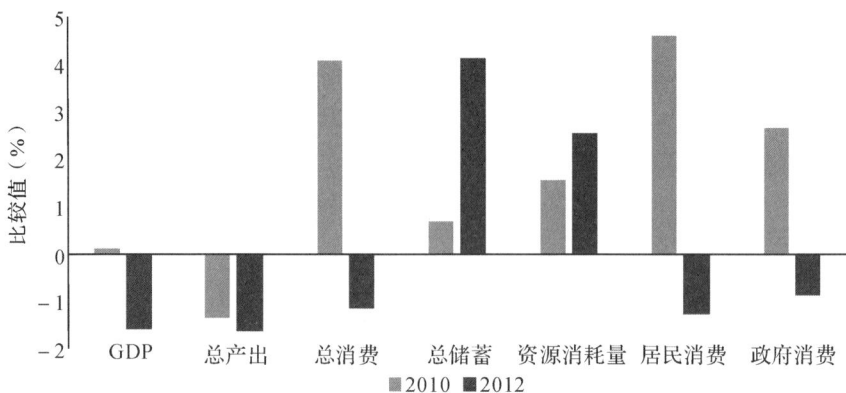

图 5.3　资源 CGE 模型的检验结果

11.5%（轻稀土矿）和 27%（中重稀土矿），钨矿和钼矿资源税税率分别为 6.5% 和 11%。国内学界对我国资源税税率预测的合理区间为 5%～8%，而国外发达国家的资源税税率大多在 9%～15%，如俄罗斯为 8% 左右，澳大利亚在 9% 以上，加拿大为 10%～15%。因此，本研究根据我国现行的资源税从价税率以及现有文献的预期税率，选定资源税模拟税率为 5%、8%、12%。以 2012 年作为基期，模拟 2017 年、2020 年、2025 年资源税改革的经济效应。2012 年我国的资源消耗总值为 26631.15 亿元，同年资源税税收总额为 904.37 亿元。通过计算，我国 2012 年的基期资源税综合税率约为 3.396%，并以此作为资源税基期税率。

三、模拟结果与分析

本研究使用 GAMS 软件对资源 CGE 模型进行编程求解，采用新古典主义宏观闭合，分析资源税模拟税率下模拟期各项经济指标的变化情况。本研究以 2012 年作为基期，主要分析在 5%、8%、12% 的资源税综合税率下，2017 年、2020 年和 2025 年的变化情况。

根据王金营（2006）、郭志刚（2008）、都阳（2008）、齐明珠（2010）等对我国劳动人口的预测，由于人口老龄化引起的劳动力年龄结构的变化，我国自 2016 年起劳动力供给将不再增加甚至减少，出现供不应求的局面。在劳动力供给不足的情况下，必然出现更多的资本要素的使用，替代劳动要素。因此,我们在模型设定中认为我国的未来经济形势将充分使用市场上供给的劳动要素和资本要素,故采用新古典宏观闭合。同时,结合我国 2007—2012 年劳动力供给(以货币计算,下同)和资本供给的平均增长率以及学界预测,我们将模拟期的劳动力供给增长率设定为 9%,资本供给的增长率设定为 12%。同时,社会总投资作为外生变量,其增长率设定为 10%。模拟期的外生变量数据见表 5.8。本研究使用的 CGE 模型以资源价格作为基准价格。

表 5.8　我国劳动力供给、资本供给与总投资预测　　单位:亿元

年份	劳动力供给	资本供给	总投资
2007	127918.92	102935.30	110943.30
2008	150511.69	114003.09	138325.18
2009	166957.94	126260.92	164463.20
2010	190869.47	139836.72	193603.90
2011	222423.84	154872.23	228344.30
2012	256563.94	171524.38	252773.24
2013	298966.09	192107.30	274176.70
2017	422015.03	302284.56	401422.11
2020	546521.71	424688.05	534292.82
2025	840891.39	748445.45	860483.94

1.物价指数

本研究资源 CGE 模型以资源要素价格 WR 作为基准价格,设定为1。这里我们以 2012 年的物价指数为 100,则 t 年的物价指数可利用社会商品流通总值计算得到。通过以 t 年价格计算的 2012 年社会商品流通总值与 2012 年的实际社会商品流通总值之比即可反映 t 年的物价水平。

$$PP_t = \frac{\sum_c \left[\frac{PQ_E(c)}{WR_t}\right] \cdot QQ_{2012}(c)}{\sum_c \left[\frac{PQ_{2012}(c)}{WR_{2012}}\right] \cdot QQ_{2012}(c)} \tag{5.26}$$

经计算,我国 2017 年、2020 年、2025 年的物价指数如表 5.9 所示。

由于各年物价水平的变化,资源 CGE 模型的模拟结果无法真实反映我国经济情况的变化。因此,本研究对于资源 CGE 模型模拟结果的数据通过将其除以我国的物价指数,以获得各变量指标的真实货币价值。下述分析中涉及的指标数据均为以 2012 年为基期的真实货币价值。

$$X_t^* = \frac{\hat{X}_t}{PP_t} \tag{5.27}$$

表 5.9 物价指数变化情况(以 2012 年为 100)

基期税率	2012 年	2017 年	2020 年	2025 年
	100	100.2842	100.6562	101.2923
5%		100.2822	100.6541	101.2898
8%		100.2788	100.6503	101.2854
12%		100.2746	100.6456	101.2799

2.资源消耗量与资源税总额的变化情况

2007—2010 年我国资源税综合税率基本稳定在 1.6%～2.0%,而 2010 年、2011 年资源税试点改革启动后,我国资源税综合税率显著提高至 3.4%(2011 年)。2012 年的资源税税收总额为 904.37 亿元,约为 2011 年(598.83 亿元)的 1.5 倍。同期的资源消耗量由于资源税综合税率的提高得到了有效的抑制,基本保持不变。

在资源税税率保持原税率不变的情况下,资源 CGE 的模拟结果显示我国的资源消耗总值在 2017 年、2020 年和 2025 年分别达到 46598.52 亿元、62784.96 亿元和 103130.3 亿元(见表 5.10)。预计到 2020 年和 2025 年我国资源消耗总值将分别突破 5 万亿元和 10 万亿元。

同时,资源税税收总额在原税率情况下,2017 年、2020 年和 2025 年分别达到 1582.44 亿元、2132.12 亿元和 3502.21 亿元(见表 5.11)。原税率情况下,2012 年的资源税收入占政府财政收入总额的 0.8756%,并预计 2017 年的比例为 0.8897%。在 5%、8%、12% 的资源税综合税率下,我国 2017 年的资源税收入占财政总收入的比例将分别达到 1.2841%、1.9813%、2.8370%。这意味着资源税改革将明显增加资源税在财政收入中的比重,对于资源丰富而经济实力较弱的中西部地区,将有效地增加政府财政收入,增强地方政府的财政调节功能。

表 5.10 资源消耗量变化情况 单位:亿元

年份	改革前	5%	8%	12%
2017	46598.52	45786.93 (−1.7417%)	44339.54 (−4.8477%)	42540.77 (−8.7079%)
2020	62784.96	61693.14 (−1.7390%)	59745.91 (−4.8404%)	57325.78 (−8.6950%)
2025	103130.3	101341.4 (−1.7347%)	98150.54 (−4.8286%)	94184.38 (−8.6744%)

注:括号内数字表示不同资源税税率下资源消耗量相对原税率情况下的变化幅度。

表 5.11 资源税收入变化情况 单位:亿元

年份	改革前	5%	8%	12%
2017	1582.44	2289.35 (44.6716%)	3547.16 (124.1573%)	5104.89 (222.5955%)
2020	2132.12	3084.66 (44.6755%)	4779.67 (124.1746%)	6879.09 (222.6409%)
2025	3502.21	5067.07 (44.6819%)	7852.04 (124.2023%)	11302.13 (222.7138%)

注:括号内数字表示不同资源税税率下资源税收入相对原税率情况下的变化幅度。

3.宏观经济指标

资源税改革会对宏观经济造成一定的冲击,包括 GDP、总产出、总消费、总出口等都有不同程度的下降,而总进口将增加(见表 5.12)。

表 5.12 宏观经济指标变化情况 单位:亿元

	GDP	总产出	总消费	总进口	总出口
2017 年(原)	891985.32	2697205.87	438073.71	275647.65	318296.36
2017 年(5%)	890933.00 (−0.1180%)	2692212.01 (−0.1851%)	437895.57 (−0.0407%)	275931.96 (0.1031%)	317352.36 (−0.2966%)
2017 年(8%)	889015.74 (−0.3329%)	2683129.48 (−0.5219%)	437550.42 (−0.1195%)	276449.16 (0.2908%)	315648.88 (−0.8318%)
2017 年(12%)	886556.17 (−0.6087%)	2671494.53 (−0.9533%)	437069.68 (−0.2292%)	277111.40 (0.5310%)	313494.00 (−1.5088%)

续　表

	GDP	总产出	总消费	总进口	总出口
2020 年（原）	1197448.21	3639912.90	589584.12	360408.02	427213.56
2020 年（5%）	1196036.09 （－0.1179%）	3633219.29 （－0.1839%）	589343.93 （－0.0407%）	360789.89 （0.1060%）	425946.28 （－0.2966%）
2020 年（8%）	1193463.07 （－0.3328%）	3621035.52 （－0.5186%）	588878.70 （－0.1196%）	361484.23 （0.2986%）	423658.87 （－0.8321%）
2020 年（12%）	1190161.92 （－0.6085%）	3605426.85 （－0.9474%）	588230.66 （－0.2296%）	362372.65 （0.5451%）	420764.65 （－1.5095%）
2025 年（原）	1956228.36	5995895.07	967247.34	563414.54	697974.55
2025 年（5%）	1953924.64 （－0.1178%）	5984978.95 （－0.1821%）	966852.73 （－0.0408%）	564041.82 （0.1113%）	695907.88 （－0.2961%）
2025 年（8%）	1949726.78 （－0.3324%）	5965108.88 （－0.5135%）	966088.38 （－0.1198%）	565181.57 （0.3136%）	692176.71 （－0.8307%）
2025 年（12%）	1944340.39 （－0.6077%）	5939652.34 （－0.9380%）	965023.69 （－0.2299%）	566638.38 （0.5722%）	687454.07 （－1.5073%）

注：括号内数字表示不同资源税税率下各宏观经济指标相对原税率情况下指标的变化幅度。

资源税综合税率的提高会对国内生产总值产生一定的负面影响，但影响较小。5%的综合税率对 GDP 影响最小，12%的综合税率对 GDP 影响最大。资源税改革对总产出的影响略大于国内生产总值。预计到 2017 年，5%、8%、12%的综合税率分别会使总产出降低 0.1851%、0.5219% 和 0.9533%。资源税综合税率的提高将直接增加资源要素的使用成本，从而降低生产活动过程中的要素使用量，降低生产部门的总产出。从 2017 年到 2025 年，资源税综合税率提高对总产出的影响逐渐减弱，其主要原因在于，总产出的增加受到总投资、总消费、进出口等的影响，而资源税改革引起的总消费和总出口等的降低将使总产出的增长受到一定程度的负面影响，但随着时间的推移，由此引起的负面影响将得到一定的缓解。

资源税改革对总消费的影响极为微弱，12%的综合税率也仅使 2017 年总消费降低 0.2292%（其中居民消费降低 0.7725%，政府消费增加 1.1713%）。资源税综合税率的增加一方面抑制了居民的消费，另一方面政府的财政收入增加从而扩大了政府的消费支出，因而，资源税改革对社会总消费的影响并不明显,对整个社会的消费水平和国内需求的影响不大。

资源税改革增加了生产部门的生产成本,国内生产商品价格相比国外商品上升,在国际贸易中处于劣势。因此,各生产部门的产出商品总进口增加,总出口减少,同时总出口的减少幅度显著高于总进口的增加幅度(见图5.4)。

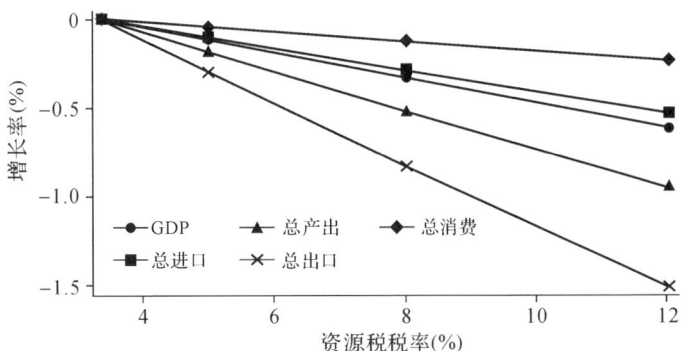

图 5.4　5%、8%、12%资源税税率下我国 2017 年宏观经济指标增长率

4.总产出和产业结构变化

如资源税保持原税率不变,预计 2017 年我国总产出将达到 2697205.87 亿元,第一产业、第二产业、第三产业总产出将分别达到 160094.54 亿元、1889947.19 亿元、647162.72 亿元。资源税改革后总产出的下降幅度较大,5%、8%、12%的资源税综合税率下各产业总产出分别下降 0.1850%、0.5218%、0.9532%。在 8%的资源税综合税率下,重工业总产出下降幅度最大,高达 1.3467%;建筑业、服务业和轻工业受影响较小,下降幅度分别为 0.0081%、0.2244%、0.2502%(见表 5.13)。总体来说,资源税综合税率提高受影响较大的产业依次为重工业、采矿业、资源品生产业和交通运输业,受影响较小的行业分别为建筑业、服务业、轻工业、电力等供应业和农业。资源税综合税率的提高,直接增加了资源要素的使用成本,这一直接影响体现在对资源要素依赖程度大的产业的生产成本显著提高,如资源品生产业,其原材料即为资源要素,并进而导致该行业的产出品价格上升。资源生产业的产出品价格上升反映在其他产业对资源生产业的中间使用的成本上升,并进而引起各生产部门总产出的下降。

就产业结构和产业总产出而言,资源税综合税率的提高对第二产业包括重工业、采矿业、资源品生产业的影响最为剧烈,而对第一产业和第三产业的影响较小。这一结果表明,资源税综合税率的提高有效抑制了资源依赖型产业的总产出,降低了各部门生产活动中的资源使用量,起到了有效保护资源合理开发利用的目的,改善生产部门的资源使用情况。同时,第二产业尤其是重工业、采矿业、资源品生产业总产出的下降,可能意味着我国目前产能严重过剩的煤炭、钢铁等行业的总产出得到了有效抑制,一定程度上可以改善我国现阶段的产业结构,促进人力资本和财富对资源的有效替代,提高资源的使用效率,并降低资源消耗过程中产生的负外部性。

表 5.13   资源税改革对产业结构的影响(2017 年)   单位:亿元

	改革前	5%	8%	12%
总产出	2697205.87	2692214.09 (-0.1850%)	2683130.70 (-0.5218%)	2671494.15 (-0.9532%)
农业	160094.54	159868.95 (-0.1409%)	159457.66 (-0.3978%)	158929.62 (-0.7276%)
采矿业	96956.53	96730.82 (-0.2328%)	96321.97 (-0.6545%)	95801.92 (-1.1908%)
轻工业	382567.71	382228.32 (-0.0887%)	381610.52 (-0.2502%)	380819.15 (-0.4571%)
资源品生产业	609228.09	608045.10 (-0.1942%)	605906.09 (-0.5453%)	603192.32 (-0.9907%)
重工业	465863.41	463637.56 (-0.4778%)	459589.82 (-1.3467%)	454410.78 (-2.4584%)
电力等供应业	113173.25	113016.35 (-0.1386%)	112731.81 (-0.3901%)	112369.13 (-0.7105%)
建筑业	222158.21	222151.95 (-0.0028%)	222140.21 (-0.0081%)	222124.48 (-0.0152%)
交通运输业	144709.87	144475.44 (-0.1620%)	144047.53 (-0.4577%)	143497.12 (-0.8381%)
服务业	502452.86	502059.61 (-0.0783%)	501325.12 (-0.2244%)	500349.61 (-0.4186%)

注:括号内数字表示对应税率对各产业产出的变动百分比。

5.产业增加值及国内生产总值

就 2017 年的模拟情况来看,资源税税率的提高将降低各产业的增加值,其对各产业影响强度依次为重工业、采矿业、资源品生产业、交通运输业、电力等供应业、农业、轻工业、服务业、建筑业。其中,资源税税率的提高反而提高建筑业产出的增加值。在资源税原税率下,2017 年的总产出增加值将达到 881007.08 亿元,5%、8%、12% 的资源税税率下,总产出增加值将分别降低 0.1588%、0.4485%、0.8209%(见表 5.14)。

比较不同资源税税率对总产出和总产出增加值的影响差异,可以看到随资源税税率的变化,总产出增加值的变化幅度较小。这表明资源税改革对国内生产总值的影响弱于总产出,主要原因在于资源税税率的提高同时作用于生产活动过程的增加值投入和中间投入两方面,从而对总产出的影响产生增强作用。

表 5.14　资源税改革对产业增加值的影响(2017 年)　　单位:亿元

	改革前	5%	8%	12%
总产出	881007.08	879608.36 (−0.1588%)	877056.17 (−0.4485%)	873775.13 (−0.8209%)
农业	94226.69	94098.83 (−0.1357%)	93865.73 (−0.3831%)	93566.44 (−0.7007%)
采矿业	45849.74	45744.36 (−0.2298%)	45553.51 (−0.6461%)	45310.76 (−1.1755%)
轻工业	86986.00	86913.93 (−0.0829%)	86782.77 (−0.2336%)	86614.84 (−0.4267%)
资源品生产业	126246.59	125962.88 (−0.2247%)	125449.47 (−0.6314%)	124797.31 (−1.1480%)
重工业	98504.62	98046.55 (−0.4650%)	97213.37 (−1.3108%)	96147.03 (−2.3934%)
电力等供应业	32054.65	32006.92 (−0.1489%)	31920.35 (−0.4190%)	31809.95 (−0.7634%)
建筑业	51529.61	51535.00 (0.0105%)	51544.78 (0.0295%)	51557.28 (0.0537%)
交通运输业	71379.01	71269.45 (−0.1535%)	71069.46 (−0.4337%)	70812.19 (−0.7941%)
服务业	274230.19	274030.44 (−0.0728%)	273656.74 (−0.2091%)	273159.32 (−0.3905%)

注:括号内数字表示对应税率对各产业增加值的变动百分比。

第五节　本章小结

通过上述分析,我们看到资源税改革对国内生产总值的影响始终在 1‰以内,同时,总产出、总消费和进出口受影响程度均不大。这主要是因为国民经济的运行受到社会总投资、总消费、生产结构、国际贸易等多方面因素的影响,资源税改革更多地作用于生产活动过程的资源要素使用,从而对经济体系产生微调作用。

资源税的试点改革逐步全面推广,意味着资源税改革的时机和条件越来越成熟。因此,在实施资源税改革的过程中,必须时刻关注并且体现国有资源有偿使用的性质,发挥资源税调节级差收入、控制资源开采速率的重要功能,起到保护资源合理开采、减少环境成本、改善产业发展的作用。

在资源税改革的过程中,针对目前税费不清的现象,应该进一步规范资源税的政策法规与征收环节,逐步全面实现清费立税,发挥资源税的重要功能,避免不同环节的重复征收,减轻企业负担。此外,我国目前的资源税征收范围窄,亟须扩大征收范围,开征新的资源税,建立合理的税收差异和优惠政策,重新确定计税依据,避免由于资源税引起的应税资源与非应税资源的配置扭曲。

资源税的征收涉及中央与地方之间的利益再分配,同时伴随着省省之间(资源输出省和资源净购入省)、企省之间(尤其是中央能源企业和地方政府)的博弈,因此,在资源税的改革过程中,需要重视合理划分中央与地方的资源税分配权益,加强地方政府的财政专项调节能力。同时改革资源税的功能地位,通过加强地方政府的专项调节,强化资源税在保护环境、节能减排方面的功能,有效发挥资源税对资源输出地区的成本补偿与降低环境负外部性。

资源税体现了我国国有资源的有偿使用,为更好地发挥资源税调节级差收入的重要功能,防止资源开采企业因资源禀赋差异而出现的利润差异扩大,并掠夺性开采以至于浪费国有资源的现象。在扩大征税范围、提高税率的同时,应通过多项政策配套实施增强资源税改革的效力,包括对国有资源型企业的改革与市场垄断力量的规制,加强市场调节,促进市场竞争。此外，通过增强对资源型企业的技术支持和研发投入，促使企业技术进步并实现人力资本和技术积累对资源投入的替代，实现资源节约型、环境保护型的可持续经济发展模式。

　　本研究主要关注全国范围的资源税改革对资源消耗量、资源税税收、产业结构以及各项宏观经济指标的影响。因此，在研究过程中难以涉及地方层面的利益分配。然而，资源税的改革却必然伴随着利益的再分配，导致中央对地方的让利和省省之间（资源输出省和资源净购入省）、企省之间（尤其是中央能源企业和地方政府）的博弈。资源税改革引起的资源税税收的大幅提升在地方之间的分配是不平衡的，而这种不平衡对区域发展的影响有待商榷。同时，本研究基于现有资源税税种的税率改革，而并未涉及各类非矿藏类资源，如水资源、森林资源等，难以评估资源税改革对非应税资源的影响，没有考虑资源税改革引起的应税资源与非应税资源的相对价格的扭曲。

　　因此，我们希望在本研究目前研究成果的基础上，进一步完善资源社会核算矩阵和资源 CGE 模型，通过调整不同模块的方程设定，以期研究更多关于资源税的微观和宏观问题。

附表 5.1 CGE 模型部分模拟结果

	2012(度)	2017(度)	2017(5%)	2017(8%)	2017(12%)	2020(度)	2020(5%)	2020(8%)	2020(12%)	2025(度)	2025(5%)	2025(8%)	2025(12%)
GDP	525621.72	894519.87	893447.41	891494.34	888990.47	1205305.73	1203858.93	1201223.98	1197845.74	1981508.21	1979126.33	1974788.11	1969225.54
QRS	27311.07	46730.93	45916.15	44463.16	42657.58	63196.94	62096.66	60134.43	57695.88	104463.05	102648.46	99412.15	95389.82
TAXR	927.46	1586.94	2295.81	3557.05	5118.91	2146.11	3104.83	4810.75	6923.51	3547.47	5132.42	7952.97	11146.78
totalexp	183250.41	319200.79	318248.04	316528.90	314354.77	430016.89	428732.24	426413.86	423481.16	706994.30	704883.69	701073.79	696252.63
totalcons	70798.03	119664.10	119948.55	120448.06	121054.09	161421.06	161806.72	162483.99	163305.01	265635.01	266275.04	267399.45	268764.59
totalcons	188167.75	319654.42	319182.84	318322.26	317215.73	432031.84	431391.92	430224.09	428722.41	714111.82	713048.14	711106.80	708610.21
totalinv	258965.78	439318.51	439131.39	438770.32	438269.82	593452.90	593198.62	592708.09	592028.35	979746.84	979323.18	978506.25	977374.80
totalimp	177612.03	276430.95	276710.74	277219.04	277872.33	362772.98	363149.69	363834.91	364712.17	570695.41	571316.82	572446.28	573890.65
totalprod	1575738.93	2704868.57	2699812.09	2690611.22	2678829.62	3663797.59	3656982.87	3644582.56	3628703.90	6073378.53	6062173.13	6041782.98	6015672.52
totalsav	252773.24	401422.11	401422.11	401422.11	401422.11	534292.82	534292.82	534292.82	534292.82	860483.94	860483.94	860483.94	860483.94
EG	71435.83	120301.89	120586.35	121085.86	121691.89	162058.86	162444.50	163121.79	163943.74	266272.81	266912.84	268037.25	269402.38
EINV	252773.24	401422.11	401422.11	401422.11	401422.11	534292.82	534292.82	534292.82	534292.82	860483.94	860483.94	860483.94	860483.94
ENTSAV	137725.36	235704.40	235669.90	232811.35	230476.64	318835.25	317439.76	314932.91	311783.13	527327.86	525030.34	520902.98	515716.89
FSAV	-13032.81	-52273.37	-51125.69	-49050.94	-46419.51	-79060.25	-77513.27	-74716.63	-71169.56	-153088.01	-150544.16	-145945.26	-140112.11
GDP	525621.72	894519.87	893447.41	891494.34	888990.47	1205305.73	1203858.93	1201223.98	1197845.74	1981508.21	1979126.33	1974788.11	1969225.54
GSAV	34481.21	58068.26	58205.57	58446.67	58739.20	78223.84	78409.99	78736.91	79133.65	128526.65	128835.59	129378.32	130037.26
PGDP	0.9843	0.9877	0.9873	0.9865	0.9856	0.9914	0.9910	0.9903	0.9894	0.9975	0.9971	0.9964	0.9954
QKS	171524.38	302284.56	302284.56	302284.56	302284.56	424688.05	424688.05	424688.05	424688.05	748445.45	748445.45	748445.45	748445.45
QLS	256663.94	422015.03	422015.03	422015.03	422015.03	546521.71	546521.71	546521.71	546521.71	840891.39	840891.39	840891.39	840891.39
QRS	27311.07	46730.93	45916.15	44463.16	42657.58	63196.94	62096.66	60134.43	57695.88	104463.05	102648.46	99412.15	95389.82
WK	1.1641	1.1305	1.1287	1.1254	1.1211	1.0868	1.0885	1.0836	1.0796	1.0217	1.0201	1.0171	1.0133
WL	0.8383	0.8668	0.8655	0.8632	0.8602	0.9051	0.9037	0.9013	0.8981	0.9728	0.9713	0.9687	0.9653
WR	1	1	1	1	1	1	1	1	1	1	1	1	1
YENT	154711.75	264775.07	263612.97	261525.43	258902.55	358158.89	356591.28	353775.25	350237.00	592365.99	589785.10	585148.70	579322.98
YG	105917.03	178370.16	178791.92	179532.53	180431.09	240282.71	240854.48	241858.70	243077.40	394799.46	395748.43	397415.57	399439.64
YH	215710.01	366442.48	365901.87	364915.33	363646.84	495268.66	494535.08	493196.32	491474.83	818636.91	817417.54	815192.04	812330.03
总产出													
actiagri	94972.89	160549.45	160320.13	159902.23	159366.01	217732.50	217412.58	216829.48	216081.14	362346.57	361791.50	360779.61	359480.56
actiaik	56862.63	97232.03	97003.81	96590.51	96064.98	131372.59	131067.75	130515.68	129813.65	216818.08	216324.26	215429.92	214292.55
actiqing	228653.85	383654.78	383307.05	382674.44	381864.82	512064.44	511573.77	510680.67	509536.86	829957.64	829096.82	827529.03	825519.26
actizjyue	356413.19	610959.22	609761.13	607595.34	604848.58	827414.06	825816.70	822929.17	819267.13	1370848.90	1368268.66	1363604.44	1357689.28
actizhong	248858.42	467187.16	464946.04	460871.15	455658.52	651445.04	648429.98	642948.64	635938.33	1127994.34	1123044.76	1114048.33	1102545.91
actidian1	66252.07	113494.83	113335.31	113046.10	112677.68	152891.73	152679.05	152293.42	151802.15	251136.81	250793.43	250170.77	249377.48
actidian2	139977.61	222789.47	222778.91	222759.53	222734.40	296641.38	296655.53	296641.38	296581.74	478106.52	478083.49	478041.22	477986.40
actijiaot	86404.84	145121.06	144883.18	144449.13	143891.14	194664.64	194347.92	193769.95	193026.95	317128.63	317128.63	316198.07	315001.51
actiserv	297343.42	503880.58	503476.53	502722.81	501723.49	679557.06	679013.76	678000.13	676655.95	1118531.04	1117641.53	1115981.59	1113779.58

续表

	2012（原）	2017（原）	2017（5%）	2017（8%）	2017（12%）	2020（原）	2020（5%）	2020（8%）	2020（12%）	2025（原）	2025（5%）	2025（8%）	2025（12%）
资源需求													
actiagri	23.43	39.57	38.91	37.74	36.27	53.60	52.71	5818.00	49.12	89.02	87.53	84.86	81.55
acticaik	1546.71	2644.82	2598.40	2515.63	2412.79	3573.56	3510.93	23113.99	3260.50	5898.05	5794.93	5611.04	5382.54
actiqinga	358.28	601.61	591.93	574.62	553.03	803.75	790.78	40348.64	738.64	1304.87	1283.70	1245.86	1198.67
actiziyue	20995.53	35973.94	35340.89	34212.34	32810.59	48690.58	47835.20	28170.52	44415.94	80591.63	79179.64	76662.12	73534.55
actizhong	299.73	562.94	551.77	531.90	507.29	785.41	769.96	60252.72	708.40	1361.27	1334.80	1287.70	1229.34
actidianl	3051.70	5229.73	5141.99	4985.33	4790.28	7048.50	6930.35	17861.15	6456.69	11587.11	11393.15	11046.78	10615.51
actijianz	724.23	1151.98	1134.50	1103.19	1064.05	1532.70	1509.44	21755.86	1415.71	2466.92	2429.49	2362.45	2278.63
actijiaot	111.45	187.33	184.18	178.56	171.56	251.53	247.30	58771.56	230.36	411.09	404.20	391.88	376.54
actiserv	200.01	339.00	333.58	323.86	311.72	457.32	450.00	168595.61	420.52	753.08	741.03	719.45	692.49
增加值													
actiagri	55951.95	94494.44	94364.40	94127.43	93823.36	127991.84	127810.46	127479.88	127055.60	212562.62	212248.09	211674.69	210938.56
acticaik	26889.44	45980.02	45873.46	45680.51	45435.18	62125.76	61983.44	61725.73	61398.04	102536.00	102305.50	101888.07	101357.25
actiqinga	51961.08	87233.17	87159.22	87024.72	86852.67	116514.40	116409.55	116218.75	115974.47	189078.74	188893.55	188556.31	188124.12
actiziyue	73883.24	126605.32	126318.37	125799.22	125139.98	171382.56	170999.33	170305.97	169425.50	283731.54	283110.75	281987.56	280561.21
actizhong	52601.27	98784.52	98323.26	97484.40	96411.03	137808.45	137188.19	136060.37	134617.56	238804.54	237787.00	235937.21	233571.59
actidianl	18758.84	32145.73	32097.25	32009.34	31897.29	43322.51	43257.79	43140.42	42990.83	71210.95	71106.25	70916.34	70674.27
actijianz	32485.37	51676.03	51680.44	51688.49	51698.85	68761.43	68767.28	68777.94	68791.68	110691.74	110701.07	110718.13	110740.09
actijiaot	42590.47	71581.83	71470.59	71267.60	71006.63	96104.77	95956.56	95686.09	95338.35	157050.11	156811.22	156375.24	155814.62
actiserv	162255.72	275009.42	274803.81	274419.69	273909.37	370977.91	370701.39	370184.71	369498.13	610863.42	610410.55	609564.15	608439.00
活动进口价格													
actiagri	0.8919	0.9114	0.9105	0.9088	0.9067	0.9373	0.9363	0.9346	0.9324	0.9822	0.9812	0.9794	0.9770
acticaik	1.0000	1.0000	1.0000	1.0000	1.0001	1.0000	1.0000	1.0001	1.0001	1.0000	1.0001	1.0001	1.0001
actiqinga	0.9575	0.9653	0.9646	0.9635	0.9620	0.9755	0.9748	0.9737	0.9721	0.9929	0.9922	0.9910	0.9895
actiziyue	0.9904	0.9925	0.9938	0.9963	0.9994	0.9952	0.9965	0.9990	1.0021	0.9997	1.0000	1.0035	1.0067
actizhong	1.0000	1.0000	1.0000	1.0000	1.0000	1.0000	1.0000	1.0000	1.0000	1.0000	1.0000	1.0000	1.0000
actidianl	1.0111	1.0091	1.0098	1.0110	1.0126	1.0065	1.0072	1.0084	1.0100	1.0022	1.0029	1.0041	1.0057
actijianz	0.9874	0.9898	0.9901	0.9906	0.9913	0.9930	0.9933	0.9938	0.9944	0.9983	0.9986	0.9991	0.9998
actijiaot	1.0286	1.0230	1.0223	1.0210	1.0194	1.0157	1.0150	1.0138	1.0122	1.0037	1.0030	1.0018	1.0002
actiserv	0.9984	0.9985	0.9976	0.9958	0.9935	0.9987	0.9977	0.9960	0.9937	0.9989	0.9980	0.9962	0.9940
商品市场价格													
comcagri	0.8951	0.9141	0.9132	0.9116	0.9095	0.9392	0.9383	0.9366	0.9344	0.9828	0.9818	0.9800	0.9778
comcaik	1.0000	1.0000	1.0000	1.0000	1.0001	1.0000	1.0000	1.0001	1.0001	1.0000	1.0000	1.0001	1.0001
comqingg	0.9494	0.9588	0.9580	0.9566	0.9548	0.9710	0.9702	0.9688	0.9670	0.9917	0.9909	0.9894	0.9876
comziyuar	0.9903	0.9924	0.9937	0.9962	0.9994	0.9951	0.9965	0.9990	1.0022	0.9997	1.0000	1.0035	1.0067
comzhongl	1.0000	1.0000	1.0000	1.0000	1.0000	1.0000	1.0000	1.0000	1.0000	1.0000	1.0000	1.0000	1.0000
comdianl	1.0111	1.0091	1.0098	1.0110	1.0126	1.0065	1.0072	1.0084	1.0100	1.0022	1.0029	1.0041	1.0057
comjianz	0.9873	0.9898	0.9901	0.9906	0.9912	0.9930	0.9933	0.9938	0.9944	0.9983	0.9986	0.9991	0.9998
comjiaot	1.0306	1.0246	1.0238	1.0225	1.0208	1.0168	1.0161	1.0148	1.0130	1.0039	1.0032	1.0019	1.0002
comserv	0.9983	0.9985	0.9975	0.9957	0.9933	0.9986	0.9976	0.9958	0.9935	0.9989	0.9979	0.9961	0.9938

续表

部门	2012（原）	2017（原）	2017（5%）	2017（8%）	2017（12%）	2020（原）	2020（5%）	2020（8%）	2020（12%）	2025（原）	2025（5%）	2025（8%）	2025（12%）
活动部门数量													
actiagri	106485.58	176154.39	176079.83	175944.17	175770.52	232305.77	232198.95	232004.46	231755.23	368919.29	368729.15	368382.62	367937.99
acticaik	56863.12	97231.28	97001.12	96584.28	96054.17	131369.70	131062.11	130505.03	129796.53	216812.14	216313.42	215410.13	214261.24
actiqingg	238807.14	397451.35	397355.12	397181.70	396962.94	524928.82	524775.64	524498.61	524147.28	835883.50	835576.96	835020.69	833311.55
actiziyuar	359857.89	615578.90	613546.05	609864.67	605183.70	831424.82	828705.59	823781.00	817518.84	1371276.14	1366860.57	1358863.22	1348692.53
actizhong	248858.42	467187.16	464946.04	460871.15	455658.52	651445.04	648429.98	642948.64	635938.33	1127994.34	1123044.76	1114048.33	1102545.91
actidian1	65525.75	112471.93	112239.77	111818.22	111280.07	151900.70	151589.15	151023.41	150301.17	250580.50	250072.01	249148.57	247969.54
actijianz	141770.06	225082.78	225008.49	224872.62	224697.38	298749.49	298650.81	298470.35	298237.58	478903.30	478744.91	478455.24	478081.60
actijiaot	84003.24	141865.09	141728.19	141478.09	141156.35	191654.76	191471.69	191137.47	190707.46	316477.23	316180.97	315639.89	314943.72
actiserv	297824.16	504630.60	504721.73	504847.70	504993.67	680456.86	680568.40	680751.76	680950.24	1119707.86	1119893.89	1120200.04	1120532.06
商品市场数量													
comagri	109241.51	181012.82	180922.64	180758.37	180547.77	239194.61	239067.76	238836.59	238540.01	381037.77	380817.02	380414.51	379897.62
comcaik	75762.37	129548.37	129242.82	128689.47	127985.79	175034.57	174626.33	173886.96	172946.69	288877.17	288215.51	287017.13	285492.99
comqingg	197194.37	330307.70	330057.32	329600.32	329013.51	439740.54	439395.05	438764.79	437954.92	709102.59	708516.99	707448.33	706074.29
comziyuar	353029.29	604733.73	603270.15	600612.76	597220.69	818222.69	816258.44	812692.01	808139.60	1353442.05	1350234.37	1344410.24	1336975.93
comzhong	284389.91	489892.59	488676.91	486466.68	483639.84	665881.77	664245.69	661271.37	657467.67	1109250.90	1106565.26	1101683.38	1095441.20
comdian1	65440.66	112323.97	112092.75	111672.90	111136.94	151672.51	151387.25	150823.85	150014.59	250235.83	249729.52	248810.03	247636.02
comjianz	141286.71	224334.25	224262.33	224130.80	223961.13	297787.82	297692.24	297517.43	297291.93	477445.34	477291.78	477010.89	476648.54
comjiaot	78915.00	133020.60	132860.95	132569.31	132193.76	179255.99	179041.59	178649.89	178145.43	294711.22	294360.97	293721.01	292896.67
comserv	288859.92	489454.78	489435.50	489384.39	489289.17	660016.03	659991.05	659923.94	659797.74	1086133.61	1086095.62	1085990.62	1085789.91
政府消费													
comagri	767.87	1270.87	1275.13	1282.73	1292.15	1668.46	1674.08	1684.11	1696.54	2623.94	2632.86	2648.74	2668.45
comcaik	0.00	0.00	0.00	0.00	0.00	0.00	0.00	0.00	0.00	0.00	0.00	0.00	0.00
comqingg	0.00	0.00	0.00	0.00	0.00	0.00	0.00	0.00	0.00	0.00	0.00	0.00	0.00
comziyuar	0.00	0.00	0.00	0.00	0.00	0.00	0.00	0.00	0.00	0.00	0.00	0.00	0.00
comzhong	0.00	0.00	0.00	0.00	0.00	0.00	0.00	0.00	0.00	0.00	0.00	0.00	0.00
comdian1	0.00	0.00	0.00	0.00	0.00	0.00	0.00	0.00	0.00	0.00	0.00	0.00	0.00
comjianz	0.00	0.00	0.00	0.00	0.00	0.00	0.00	0.00	0.00	0.00	0.00	0.00	0.00
comjiaot	3165.33	5381.47	5398.14	5427.75	5464.34	7314.58	7337.33	7377.74	7427.67	12191.51	12229.68	12297.51	12381.34
comserv	66960.02	113162.08	113544.01	114224.68	115069.70	152624.33	153141.05	154062.03	155205.50	251088.75	251943.42	253466.91	255358.76
居民消费													
comagri	24290.88	40406.08	40385.87	40348.94	40301.33	53149.76	53123.04	53074.19	53011.22	83958.58	83916.11	83838.45	83738.33
comcaik	288.03	489.28	488.55	487.22	485.51	661.29	660.30	658.49	656.17	1093.05	1091.40	1088.40	1084.53
comqingg	48734.50	81975.44	81920.46	81820.10	81691.03	109399.06	109324.44	109188.21	109012.96	177060.15	176936.51	176710.75	176420.22
comziyuar	7453.93	12635.67	12599.77	12534.43	12450.70	17031.07	16982.65	16894.50	16781.56	28021.97	27942.25	27797.11	27611.13
comzhong	15483.29	26302.60	26263.80	26192.99	26101.94	35549.52	35496.87	35400.77	35277.21	58760.33	58672.80	58513.06	58307.63
comdian1	5776.74	9832.75	9811.76	9773.48	9724.31	13323.53	13294.99	13242.95	13176.09	22117.37	22069.77	21982.95	21871.41
comjianz	1839.43	3116.99	3111.51	3101.51	3088.67	4199.27	4191.86	4178.34	4160.98	6903.75	6891.19	6869.19	6840.50
comjiaot	10194.56	17419.81	17406.61	17382.51	17351.54	23723.05	23704.93	23671.88	23629.38	39715.84	39685.22	39629.34	39557.47
comserv	78975.29	134143.42	134078.87	133961.11	133809.77	181272.08	181183.54	181022.00	180814.35	299543.40	299393.95	299121.20	298770.51

第六章 价格扭曲与资源型行业的资源错配

资源错配(resourcemisallocation)导致经济增长效率的损失已经引起学界的广泛关注(Heish and Klenow,2009;陈永伟,2013),由于流动的限制或者价格的扭曲,资源并不能完全配置到最优效率的生产消费领域中去,从而导致效率的损失。在资源型行业,由于产权改革和市场竞争的滞后,价格机制不顺,导致的资源错配问题可能要严重于其他市场化改革程度更高的领域。本章将从实证的视角度量资源型行业的资源错配,并进一步探讨资源型行业资源错配的影响因素。

第一节 数据及理论框架

一、理论模型

按照 Heish 和 Klenow(2009)的设定,假设某经济体有 s 个行业,行业 s 的产出是 Y_s ,行业 s 在经济体每年总产出中的份额 θ_s 是稳定的,即用该地区行业 s 的总产值与该地区工业总产值之比表示:

$$\theta_s = \frac{Y_s}{Y} \tag{6.1}$$

且假设产品市场的产出满足柯布-道格拉斯函数

$$Y = \prod_{s=1}^{s} Y_s^{\theta_s} , \quad \sum_{s=1}^{s} \theta_s = 1 \tag{6.2}$$

行业 s 的产出价格为 P_s ，其中代表性厂商为 P_{si} 。假设厂商用资本 K_s ，劳动力 L_s 和中间投入 M_s 投入生产。行业 s 中的代表性厂商的生产函数为：

$$Y_{si} = A_{si} K_{si}^{\alpha_s} L_{si}^{\beta_s} M_{si}^{\gamma_s} \tag{6.3}$$

此处，我们假设企业生产技术为规模报酬不变，即有：

$$\alpha_s + \beta_s + \gamma_s = 1 \tag{6.4}$$

同时假设厂商所使用的生产要素均面临价格扭曲。资本、劳动力和中间投入未扭曲时价格为 P_K 、P_L 、P_M ，扭曲后价格分别为 $(1+\tau_{K_s})P_K$ 、$(1+\tau_{L_s})P_L$ 、$(1+\tau_{M_s})P_M$ ，此时厂家的利润为：

$$\pi_{si} = P_{si} Y_{si} - (1+\tau_{K_s})P_K K_{si} - (1+\tau_{L_s})P_L L_{si}$$
$$- (1+\tau_{M_s})P_M M_{si} \tag{6.5}$$

则垄断厂商定价为：

$$P_{si} = \frac{1}{TFP_{si}} \left[\frac{(1+\tau_{K_s})P_K}{\alpha_s} \right]^{\alpha_s} \left[\frac{(1+\tau_{L_s})P_L}{\beta_s} \right]^{\beta_s} \left[\frac{(1+\tau_{M_s})P_M}{\gamma_s} \right]^{\gamma_s} \tag{6.6}$$

假设全要素生产率为 $TFPR$ ，则

$$TFPR_{si} = P_{si} \cdot TFP_{si}$$
$$= \left[\frac{(1+\tau_{K_s})P_K}{\alpha_s} \right]^{\alpha_s} \left[\frac{(1+\tau_{L_s})P_L}{\beta_s} \right]^{\beta_s} \left[\frac{(1+\tau_{M_s})P_M}{\gamma_s} \right]^{\gamma_s} \tag{6.7}$$

此时，若不存在生产要素价格扭曲，则

$$\tau_{K_s} = \tau_{L_s} = \tau_{M_s} = 0 \tag{6.8}$$

即

$$\overline{TFPR_s} = \left(\frac{P_K}{\alpha_s} \right)^{\alpha_s} \left(\frac{P_L}{\beta_s} \right)^{\beta_s} \left(\frac{P_M}{\gamma_s} \right)^{\gamma_s} \tag{6.9}$$

其中，参照 Heish 和 Klenow(2009)中的假设：

$$1+\tau_{K_s} = \frac{\alpha P_{si} Y_{si}}{P_K K_{si}} \tag{6.10}$$

$$1+\tau_{L_s} = \frac{\beta P_{si} Y_{si}}{P_L L_{si}} \tag{6.11}$$

$$1+\tau_{M_s} = \frac{\gamma P_{si} Y_{si}}{P_M M_{si}} \tag{6.12}$$

由此，得到：

$$\overline{\frac{TFPR_s}{TFPR_{si}}} = \left(\frac{1}{1+\tau_{K_s}}\right)^{\alpha_s} \left(\frac{1}{1+\tau_{L_s}}\right)^{\beta_s} \left(\frac{1}{1+\tau_{M_s}}\right)^{\gamma_s}$$

$$= \left(\frac{P_{K_s}K_{si}}{\alpha P_{si}Y_{si}}\right)^{\alpha_s} \left(\frac{P_{L_s}L_{si}}{\beta P_{si}Y_{si}}\right)^{\beta_s} \left(\frac{P_{M_s}M_{si}}{\gamma P_{si}Y_{si}}\right)^{\gamma_s} \qquad (6.13)$$

若行业间无要素价格扭曲，则资本、劳动力、中间投入有效分配，此时均衡的相关分配值为：

$$K_s^* = \frac{\alpha_s\theta_s}{\sum \alpha_s\theta_s}K \qquad (6.14)$$

$$L_s^* = \frac{\beta_s\theta_s}{\sum \beta_s\theta_s}L \qquad (6.15)$$

$$M_s^* = \frac{\gamma_s\theta_s}{\sum \gamma_s\theta_s}M \qquad (6.16)$$

根据以上设定可以得到总错配指数为：

$$MIS = \frac{Y}{Y^*} = \prod \left[\frac{TFP_s}{TFP_s^*}\frac{K_s^{\alpha_s}L_s^{\beta_s}M_S^{\gamma}}{(K_s^*)^{\alpha_s}(L_s^*)^{\beta_s}(M_s^*)^{\gamma_s}}\right] \qquad (6.17)$$

其中，

$$TFP_s = \sum_{i=1}^{M_s} \left(A_{si}\overline{\frac{TFPR_s}{TFPR_{si}}}\right) \qquad (6.18)$$

$$TFP_s^* = \left[\sum_{i=1}^{M_s}{}_{(A_{\overline{s}})}{}^{\sigma-1}\right]^{\frac{1}{\sigma-1}} \qquad (6.19)$$

$$\overline{A_s}i = \left[\sum_{i=1}^{M_s}A_{si}{}^{\sigma}-1\right]^{\frac{1}{\sigma-1}} \qquad (6.20)$$

错配指数 MIS 是一个逆指数，介于 0 和 1 之间。MIS 越接近于 1，则实际资源配置状态越接近最有效的资源配置状态，因此错配程度就越低。进一步，我们可以将这个总错配指数分解为两部分，行业内资源错配 $\prod\left(\frac{TFP_s}{TFP_s^*}\right)^{\theta_s}$ 和行业间资源错配 $\prod\left[\frac{K_s^{\alpha_s}L_s^{\beta_s}M_s^{\gamma}}{(K_s^*)^{\alpha_s}(L_s^*)^{\beta_s}(M_s^*)^{\gamma_s}}\right]^{\theta_s}$ 两部分，并记：

$$MIS_1 = \pi\left(\frac{TFP_s}{TFP_s^*}\right)^{\theta_s} \qquad (6.21)$$

$$MIS_2 = \prod \left[\frac{K_s^{\alpha_s} L_s^{\beta_s} M_s^{\gamma_s}}{(K_s^*)^{\alpha_s} (L_s^*)^{\beta_s} (M_s^*)^{\gamma_s}} \right]^{\theta_s}$$

$$= \prod \left[\frac{K_s^{\alpha_s} L_s^{\beta_s} M_s^{\gamma_s}}{\left[\dfrac{\alpha_s \theta_s}{\sum \alpha_s \theta_s} K \right]^{\alpha_s} \left[\dfrac{\beta_s \theta_s}{\sum \beta_s \theta_s} K \right]^{\beta_s} \left[\dfrac{\gamma_s \theta_s}{\sum \gamma_s \theta_s} K \right]^{\gamma_s}} \right]^{\theta_s}$$

(6.22)

(1)行业内资源错配:业内各厂商 TFP 不变的情况下,通过生产要素从低生产率的企业向高生产率企业流动,提高至最有效率的资源配置状态从而获得更高产出。而由于生产要素价格扭曲导致行业内资源错配,从而无法达到最有效率的产出。

(2)行业间资源错配:由于行业间的整体生产率存在差异,通过调整生产要素 K、L、M 在各个行业间分配的比例,可以提高整个经济的总产出水平。由于价格扭曲或要素流动障碍导致这种调整无法顺利进行而带来的产出损失。

为了便于测算错配缺口,我们借鉴韩剑、郑秋玲(2014)做法,定义行业内错配导致的错配缺口为:

$$\text{Minister} = \ln\left(\frac{1}{MIS_1}\right)$$

(6.23)

行业间错配缺口为:

$$\text{Ministra} = \ln\left(\frac{1}{MIS_2}\right)$$

(6.24)

二、数据说明及处理

本研究采用中国工业企业数据库 1998—2007 年数据进行计算处理。主要依据张福明(2007)对于资源型行业狭义角度的定义,对所有行业进行资源型行业以及非资源型行业的划分。资源型行业包括以下 10 个行业:煤炭开采和洗选业,石油和天然气开采业,黑色金属矿采选业,有色金属矿采选业,非金属矿采选业,其他矿采选业,废弃资源和废旧材料回收加工业,电力、热力的生产和供应业,燃气生产和供应业,水的生产和供应业。非资源型行业则包括以下 29 个行业:农副食品加工业,食品制造业,饮料制造业,烟草制品业,纺织业,纺织服装、鞋、帽制造业,皮革、毛皮、羽毛(绒)及其制造业,木材加工及木、竹、藤、棕、草制品业,家居制造业,造纸及纸制品业,印刷业和记录媒介的复制,文教体育用品制造业,石油加工、炼焦及核燃料加工业,化学原料及化学制品制造业,医药制造业,化学纤维制造业,橡胶制品业,塑料制品业,非金属矿物制品业,黑色金属冶炼及压延加工业,有色金属冶炼及压延加工业,金属制品业,通用设备制造业,专用设备制造业,交通运输设备制造业,电气机械及器材制造业,通信设备、计算机及其他电子设备制造业,仪器仪表及文化、办公用机械制造业,工艺品及其他制造业。所有样本数量为 1688835 个,其中资源型行业样本数量为 147424 个,占比 8.73%。以下进行数据处理的分析。

(1)针对中国工业企业数据库样本匹配问题。本研究构建了一个以企业 ID 和年份为两维的面板数据。采用 Brandt 等(2012)的方法,先利用法人代码信息识别面板,如果法人代码匹配不上或者法人代码重复,则再使用企业名称匹配,若企业名称匹配不上或者企业名称重复,则使用"地区+法人代码名称"匹配,若再次匹配不上,则使用其余信息匹配,如"电话"等。

(2)实际总产值 Y。Y 值拟用工业增加值代替,当缺失工业增加值,但有工业总产值、工业中间投入和增值税的年份,可使用聂辉华等(2012)的方法推算,即:工业增加值=工业总产值-工业中间投入+增值税。2004 年数据中缺少工业总产值、工业中间投入和增值税,可以采用刘小玄、李双杰(2008)的方法推算,即:工业增加值=产品销售额-期初存货+期末存货-工业中间投入+增值税。

(3)资本投入。关于资本投入的变量,采用资本服务流损耗的方法,即租金价格乘以真实的资本存量。真实资本存量采用 Brandt 等(2012)的方法,使用 1978—1998 年分省分行业固定资产原值,计算得 1978—1998 固定资产原值增长率,然后按照企业年限将其进行倒退回企业成立时的固定资产净值。使用 Perkins 和 Rawski(2008)的价格平减指数对固定资产净值进行平减,得到企业成立时的固定资本存量。1978 年之前成立的企业,在此按照 1978 年成立计算。随后,使用永续盘存法,即 $CS_t = (1-\delta)CS_{t-1} + I_t/q_t$,得到 1998—2007 年企业各年资本存量值。其中 CS_t 为 t 期资本存量,δ 为折旧率(取 9%),I_t 为第 t 期投资,此处为固定资产原值增加量,q_t 为 t 期省级层面固定资产投资价格指数。其次,计算资本租赁价格,使用 Jorgenson(1963)剔除的标准计算方法,即 $p_t = (1+r_t)\frac{q_{t-1}}{q_t}+(\delta-1)$。其中 q_t 和 q_{t-1} 分别对应 t 和 $t-1$ 期固定资产购买价格。r 使用外部收益率算法,即国际通行文献(OECD,1999)使用的一年贷款利率。因此,资本投入的计算方法为资本租赁价格乘以资本存量。

(4)劳动投入。劳动力由于工作时间等不同具有异质性,不同类型劳动者劳动报酬具有各自的边际产出。因此,采用劳动力薪酬作为劳动投入的代理变量,即本年应付工资总额加上应付福利费总额。在此基础上,使用 CPI 指数进行平减。

(5)产出弹性。我们利用 OP 法,得到各个行业的资本、劳动力以及中间投入要素弹性的值。

(6)异常数据处理。第一步,剔除关键指标(如总资产、职工人数、工业总产值、固定资产净值和销售额)缺失的观测值。第二步,剔除不满足"规模以上"标准观测值,即销售额低于 500 万元,或者职工人数少于 8 人的观测值。第三步,剔除显著不符合会计原则的观测值,即总资产小于流动资产,总资产小于固定资产,累计折旧小于当期折旧的观测值。第四步,剔除关键指标的极端值(前后各 0.5%)。

三、度量与特征性事实

按照上述行业内和行业间错配公式,我们首先计算各年全国范围资源型行业的行业内错配缺口指数和行业间错配缺口指数,所有年份加总成各省资源型行业的行业内错配缺口指数和行业间错配缺口指数,各年各省资源型行业内错配缺口指数和行业间错配缺口指数。图 6.1 和图 6.2 分别给出了 1998—2007 年资源型行业的行业间错配缺口指数和行业内错配缺口指数。

首先,从全国总体情况看,资源型行业的行业间错配是资源型行业资源错配的主导因素。1998—2007 年资源型行业的行业内平均错配缺口为 0.23,而行业间的平均错配缺口为 10.93。这说明,不同行业间的资源型产品生产企业间的资源流动障碍比较大,资源价格扭曲程度比较高,导

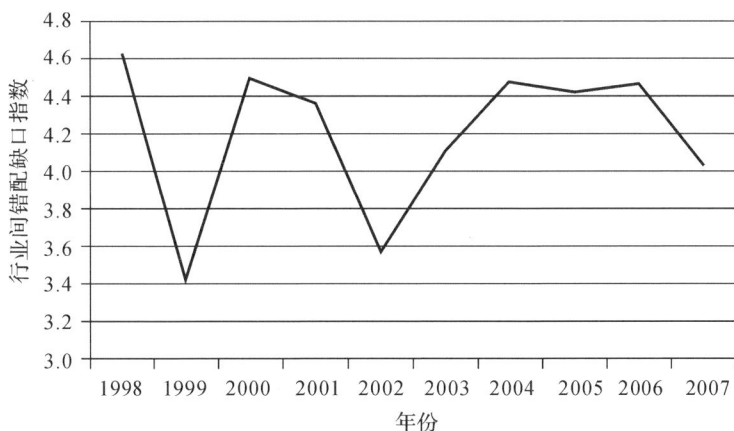

图 6.1　1998—2007 年资源型行业的行业间错配缺口指数

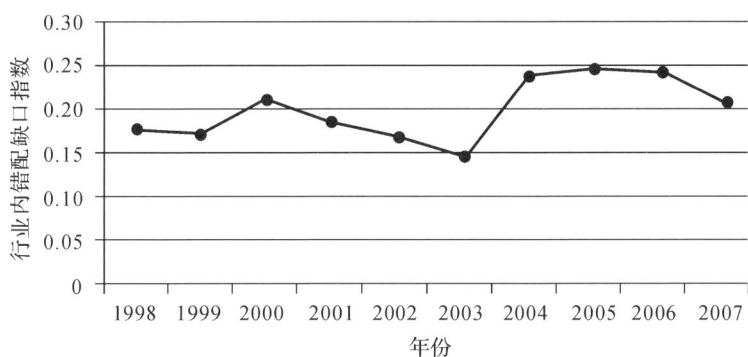

图 6.2　1998—2007 年资源型行业的行业内错配缺口指数

致了较高的资源错配。而相比而言,同一资源型行业内部的企业间生产效率差异不大,资源流动的压力并不是很大,从而使得资源错配缺口较少。行业间资源流动性障碍较大和资源价格扭曲程度较高,可能与资源型行业的技术特征相关,即资源型行业相比其他行业可能具有更高的要素专用性,资源在不同行业之间的流通性较差;同时也与资源型行业改革之后,不同行业的市场化改革进度不同相关。部分行业市场化改革进展较快,形成了较为广泛的市场竞争格局,使得生产要素得到较为充分的流动,从而降低了企业间生产率的差异和价格的扭曲。而另一些行业则仍然存在严格的政府管制和地方分割,特别是一些长期以来被视为国民经济的命脉的资源型行业,始终保持着国有企业的绝对控制。而且这些国有企业大都依托于某一地方性的自然资源(矿产),相互之间的资源流动和竞争性比较弱。另外,非国有企业难以进入,无法形成有效的竞争环境,从而使得行业间的资源错配问题严重。

其次,从时间上看,资源型行业的行业间错配在某些年份存在较大的波动,总体上呈现缓慢下降的趋势。在 1999 年和 2001—2002 年两个时期,资源型行业的行业间错配出现短暂的下降,可能源于一些重要的政策事件冲击。1998 年,国家对一些重要的资源型行业的企业进行了改革、改组或者改造,一部分低效率企业被兼并、破产或者重组。同时,国家还组建了一批特大型企业集团,国有重点煤矿结构调整力度进一步加大。这些举措在短期内促进了资源型行业资源配置效率的提高,降低了资源错配的缺口。但是,由于管制政策并没有根本性消除资源错配,短期的企业重组整合带有很大的行政干预色彩,因此这种资源配置效率的提高并不能持续地维持。2001—2002 年间资源型行业资源配置效率的改善可能归结于 2000 年我国加入世界贸易组织。WTO 的政策承诺尽管是逐步的,但是对于地方而言,可能进一步促动其优化整合资源,尤其是地方控制的国有资源型企业。但是,对于资源的行业内错配,则总体上呈现波动中上升的趋势。这意味着,可能随着市场化改革的推进,部分资源型行业逐步放开管制(例如某些非金属矿),一些非国有企业得以进入,带来了这些行业内的企业效率差异扩大,但要素在行业间的流动障碍则在短时期内仍然无法消除,从而导致了行业内资源错配缺口的上升。

再次,从空间分布的角度看,各省区的资源型行业错配缺口差异显著。图 6.3 和图 6.4 分别给出了 1998—2007 年各省资源型行业的行业间错配缺口指数和行业内错配缺口指数。

从图 6.3 和图 6.4 中可以看到,1998—2007 年,平均行业间错配缺口指数最大的为天津,为 16.37;最小的为西藏自治区,错配缺口指数为 3.81。另外,从排序上看,天津、黑龙江、山西、山东、湖北等 5 个省份位列前五。西藏、北京、宁夏、重庆、内蒙古等地的行业间资源错配缺口较小。不过需要指出的是,行业间资源错配缺口的大小取决于不同资源型行业之间的生产率差异,而与该地区资源型行业平均生产率水平并无必然关

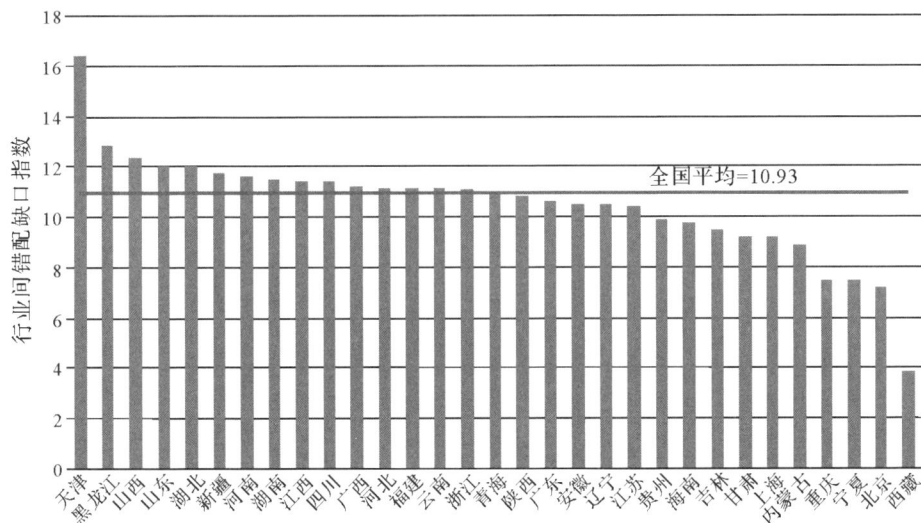

图 6.3　1998－2007 年全国各省资源型行业的行业间平均资源错配缺口指数

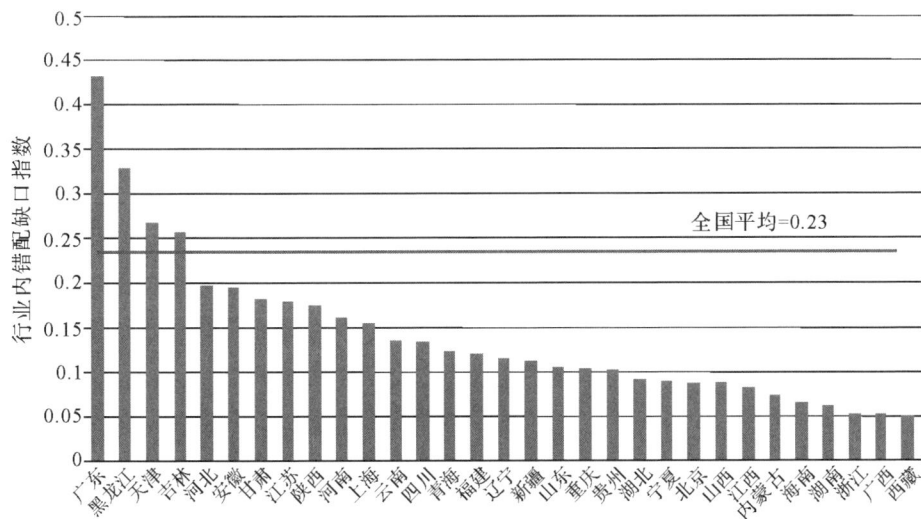

图 6.4　1998－2007 年各省资源型行业的行业内平均资源错配缺口指数

系。具体而言，如果行业间的生产率水平差距大，则通过将资源从低生产率行业重新配置到高生产率行业，可以获得行业总产出水平的提升。相反，如果行业之间的生产率差距不大，那么不管绝对生产率高或者低，其资源重新配置获得的总产出改进余地就相对较小。相比较而言,资源型产业比重较大的省区,其资源型行业的行业间错配程度相对较高。这也表明,资源型行业的行业间资源错配问题相比其他行业可能更为严重,行业之间的要素流动壁垒更高,竞争更加不充分,从而导致了更大的资源错配缺口。另外,从资源型行业的行业内错配缺口指数来看,广东(0.43)、黑龙江(0.33)、天津(0.27)位列前三名,而浙江(0.05)、广西(0.05)、西藏(0.05)的行业间资源错配缺口最少。

再次,比较资源型行业和非资源型行业,可以发现资源型行业的行业内资源错配整体上要显著高于非资源型行业的资源错配(见图6.5)。非资源型行业的行业内错配指数在2003年之前维持在0.1以下,2004年之后更是进一步下降到0.05附近。这显示中国加入WTO之后,随着市场化改革的推进,非资源型行业的行业内资源错配问题迅速改善。

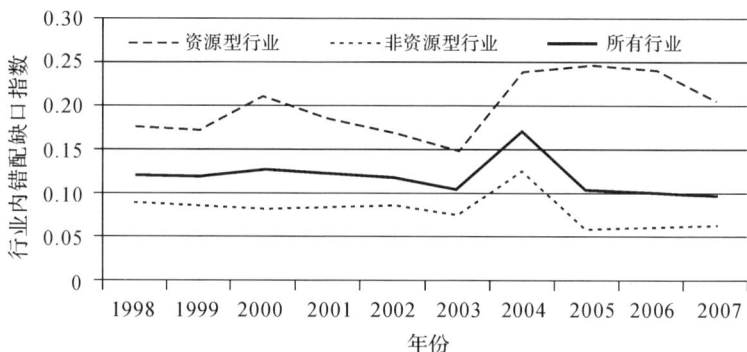

图 6.5　1998—2007 年全国平均行业内错配缺口指数

最后,从区域角度来看,资源型行业的资源错配与非资源型行业的资源错配呈现较大的差异。1998—2007 年,非资源型行业的行业内错配缺口,西部地区为 0.12,远大于中部地区行业内错配缺口 0.07 和东部地区行业内错配缺口 0.06。但是,资源型行业的平均错配缺口,东部地区是 0.19,中部地区是 0.25,西部地区是 0.15(见图6.6)。造成东部地区资源型行业的行业内错配缺口高于西部地区的原因可能是资源型行业市场化改革不平衡推进造成的。市场化改革的启动使得行业内高生产率企业进入,但是低效率企业仍然存在退出的障碍,因此行业内企业之间生产率差异相比改革进展缓慢的西部地区反而更大。

　　从资源型行业的行业间错配来看,非资源型行业的行业间资源错配呈现东部地区最高(7.19),中部地区次之(6.47),西部地区最低(5.49)的格局,而资源型行业的行业间资源错配则呈现东部地区最高(5.69),西部地区次之(5.24),中部地区最低(4.61)的格局(见图6.7)。产生这种现象的原因可能是在资源型行业中,东部地区的资源相对于中部更加匮乏,东部地区的资源发展多聚焦于某一个或几种单一的资源型行业,这必然导致其行业间错配程度加剧。而与此同时,中部地区在整体市场化进程相对较低的背景下,资源发展则更为分散,表现为多行业的资源充足,所以在资源型行业间进行资源错配测度时,中部地区并未显示出对某一行业发展的过多倾斜投入,使其在资源型行业中依旧表现出比东西部地区更强的行业间竞争力。

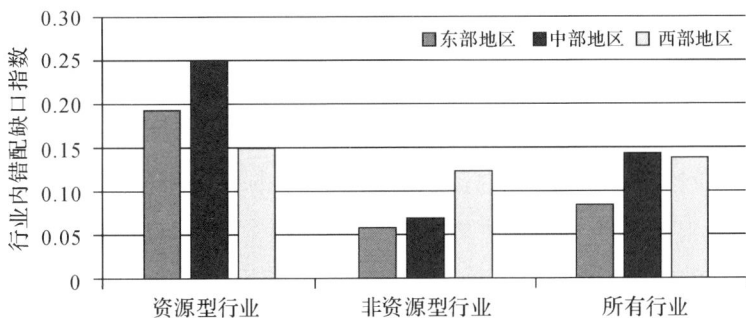

图6.6　分区域行业内资源错配缺口指数比较

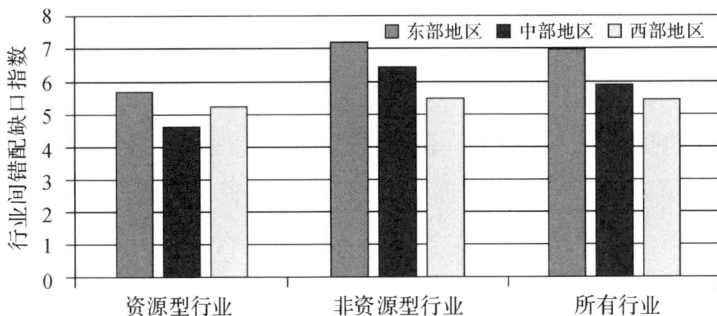

图6.7　分区域行业间资源错配缺口指数比较

第二节 资源型行业的资源错配原因：实证检验

一、资源错配：可能的因素

什么因素导致了资源型行业的资源错配程度？理论上讲，要素和资源的流动障碍导致价格扭曲，从而影响了资源配置的效率，形成了资源错配。因此，资源错配的程度直接的因素应该是价格的扭曲或者说资源和要素的流动障碍。那么，哪些因素导致了资源型行业的要素流动障碍和价格扭曲呢？

1. 市场化进程

很显然，市场化程度与要素流动和价格扭曲最紧密相关。在计划经济条件下，资源按照行政指令加以配置，因此，要素资源在企业之间和行业之间无法流动，自然就形成资源的错配。而市场化改革的推进，本质上是要让市场机制（价格机制）在资源配置中发挥基础性作用。通过市场竞争，降低价格扭曲，从而促进资源从低生产率的行业和企业向高生产率的行业和企业流动。市场化进程整体上包括四个方面：一是各种市场不断发育成熟，包括各种产品市场、资本市场、劳动力市场的发育成长，促进资源要素流动成本降低，价格信息更加准确及时地反映资源要素的稀缺程度和产出贡献，并进而指导其从低效率企业和行业向高效率企业和行业流动。二是国有企业产权改革持续推进，治理结构不断完善。通过持续完善的现代企业制度，使得企业，尤其是国有企业的激励扭曲得以纠正，能按照利润最大化从事生产经营决策，从而提高资源配置效率。三是政府干预经济的手段不断完善，朝着现代政府治理体系改进。政府不恰当的经济干预势必会进一步扭曲价格信号，加剧资源的错配。因此，政府与市场边界的不断清晰化，有助于政府真正从弥补市场缺陷的角度干预市场，减少资源错配，改进总产出效率。四是市场化法律法规的不断完善，形成更加透明竞争的市场环境，减少市场价格信号的失真，从而有助于改进资源配置效率。

2.国际化

国际化本质上也是市场化的过程,这主要体现在两个方面:一是国际化扩大了市场的范围,使得资源配置的广度扩大。按照斯密定理,市场范围决定分工水平。市场范围的扩大有助于企业进一步强化分工,提高生产效率,因此会改变资源配置效率。二是参与国际竞争的企业或者国外的企业进入本国市场,会进一步强化竞争,引起要素资源的重新配置。从这个意义上讲,国际化对资源错配是有重要影响的,对于国际化程度比较高的地区和行业,竞争较为充分,企业和行业间的生产率差距就可能会减小,从而资源错配的缺口就会降低。但是,另一方面,一些研究显示(宋结焱、施炳展,2014),出口贸易并不会降低中国行业内资源错配。由于中国企业出口存在"生产率悖论",即中国出口企业的生产效率实际上是低于非出口企业的。为了促进出口,政府会在同一行业内扶持出口企业,从而有可能加剧资源配置的扭曲。

3.交通便利化

交通运输成本是资源流动中的主要的"摩擦力"之一。由于运输成本的存在,使得资源在空间上的产出效率必须达到一定的差距,才有可能发生资源要素从低效率地区向高效率地区流动。一般而言,高交通运输成本会导致市场的分割,或者是本地化市场,使得资源只能在较小的市场范围内流动和配置,从而影响了资源配置效率。因此,交通基础设施建设,被认为是促成资源流动重组的重要硬件保障。

二、计量模型与指标选取

按照上述分析,在实证中,我们选取资源型行业资源错配缺口为被解释变量,选取相关的可能因素作为解释变量,构建如下计量模型:

$$MIS_{it} = \alpha_0 + \alpha_1 \times \text{Market}_{it} + \beta \times X_{it} + \nu_t + \mu_i + \varepsilon_{it}$$

$$(6.25)$$

其中,被解释变量 MIS_{it} 是 i 省份 t 年的资源型行业错配缺口,包括行业内错配缺口 Minister 和行业间错配缺口 Ministra。解释变量 Market_{it} 是市场化指标。我们这里参考樊纲等(2011)的做法,采用其市场化的五个指标作为解释变量。樊纲等(2011)市场化的五个指标分别为:①政府干预市场程度:市场分配经济资源的比重——采用财政支出占当地 GDP 的比重(指标:Market1)①;②非国有经济的发展:非国有经济在工业总产值中的比重(指标:Market2-1)②,非国有经济在全社会固定资产总投资中所占比重(指标:Market2-2)③,非国有经济就业人数占城镇总就业人数的比例(指标:Market2-3)④;③产品市场的发育程度:社会零售商品中价格由市场决定的部分所占比重(指标:Market3-1),生产资料中价格由市场决定的部分所占比重(指标:Market3-2),农产品中价格由市场决定的部分所占比重(指标:Market3-3)⑤;④要素市场的发育程度:劳动力流动性——外来劳动力占当地城镇从业人员的比重(指标:Market4-1)⑥,技术成果市场化——技术市场成交额与本地科技人员数的比例(指标:Market4-2)⑦;⑤市场中介组织发育和法律制度环境:三种专利申请受理数量与科技人员数的比例(指标:Market5-1),三种专利申请批准数量与科技人员数的比例(指标:Market5-2)⑧。

X_{it} 是一系列地区特征的变量。我们选取了影响资源错配的相关指标,包括该省份的总劳动人口(指标:L)、进出口总额占 GDP 比例(指标:Ex)、第二产业占比(指标:Second)、人均拥有道路面积(指标:Road)⑨以及总体信贷占 GDP 的比重⑩。其中,采用进出口总额占 GDP 比例是为

---

① 1998—2007 年数据来自《中国金融年鉴》。
② 1997 年、1999—2003 年、2005—2007 年数据来自《中国工业经济统计年鉴》,1998 年数据来自《中国统计年鉴》,2004 年数据来自《中国经济普查年鉴》。
③ 1998 年、2002—2007 年数据来自固定资产年鉴,1999—2000 年数据来自各省统计年鉴,2001 年数据来自《中国统计年鉴》。
④ 1998—2007 年数据来自《中国劳动统计年鉴》。
⑤ 1998—2006 年数据来自《中国物价年鉴》。
⑥ 1998—2007 年数据来自《中国劳动统计年鉴》。
⑦ 科技成交量数据来自 1998—2007 年《中国统计年鉴》。本地科技人员数据来自1998—2007 年《中国劳动统计年鉴》。
⑧ 1998—2007 年数据来自《中国统计年鉴》。
⑨ 1998—2007 年数据来自《中国统计年鉴》。
⑩ 1998—2007 年数据来自《中国金融统计年鉴》。

了减少进出口对于资源错配的影响。如前文中提到，进出口问题有可能存在"生产率悖论"。采用"人均拥有道路面积"为变量的原因是，一般认为，人均拥有道路面积越多的地区，交通更为便利，高效率企业更容易进入市场，使得低效率企业退出市场。采用总体信贷占 GDP 的比重的原因是由于陈永伟（2013）提出，资源错配决定因素有三类，即金融市场的扭曲、劳动力市场的扭曲以及不恰当的产业政策。所以新增总体信贷（银行和非银行信贷）占 GDP 的比重这一变量，度量了地区总体金融深化程度，侧面反映了金融市场的扭曲程度，该指标定义来源于鲁晓东（2008）（指标：Finance）。由于样本是全部省份各年的数据，我们此处采用固定效应模型。其中 ν_t 是年份固定效应，μ_i 是省份固定效应，ε_{it} 是随机误差。为便于分析，我们同时回归了非资源型行业的资源错配问题，以便与资源型行业的资源错配进行对比。

三、实证结果分析

1. 行业内错配

表 6.1 给出了资源型行业的行业内错配回归结果。第（1）列不包含市场化的解释变量，第（2）－（12）列的市场化解释变量分别为上述的 12 个市场化度量指标。从回归结果可以看到，除了政府干预程度外，其他市场化指标对行业内资源错配缺口影响均不显著。而政府干预程度增加，会导致资源型行业的行业内错配缺口增加，这一结果符合理论预期，即政府干预在一定程度上加大了资源配置的扭曲，从而增加了资源配置的缺口。而其他市场化指标之所以对资源型行业资源错配的影响不显著，可能缘于资源型行业有别于其他行业的特殊性。总体而言，我国资源型行业属于高政府管制行业，行政控制色彩强。因此，市场化对行业内企业的资源配置带来的影响并不大。

从区域的控制变量来看，我们发现只有信贷比重增加会显著降低资源错配的缺口。也就是说，资本配置的扭曲可能是资源型行业内错配的主要因素。不同企业之间的资本流动障碍主要可能缘于资源型行业的政府管制，特别是一些资源型产品生产企业依托于地方资源，受地方政府控制，且大多数是国有企业。这些企业间的资本流动和重组难度非常大。而且，一些依赖于地方自然资源的企业,受制于长期的计划经济体制的路径依赖,难以面对市场竞争,但又无法退出市场,成为"僵尸企业"。这些企业的存在,极大地挤占了其他企业的信贷资源,拉大了资源的行业内错配。而对于那些信贷资源供给相对宽松的地区,自然有助于缓解这种错配问题。

表 6.1 资源型行业的行业内资源错配回归结果

市场化度量指标	(1)	(2)	(3)	(4)	(5)	(6)
	—	Market1	Market2-1	Market2-2	Market2-3	Market3-1
Market		0.383510* (1.71)	−0.029632 (−0.29)	0.0910179 (1.43)	0.0986655 (0.91)	0.3203297 (1.50)
Road	0.0025344 (0.66)	0.0016101 (0.43)	0.0028639 (0.79)	0.0015367 (0.44)	0.0014671 (0.46)	0.0020238 (0.55)
Second	0.410052* (1.84)	0.2955936 (1.19)	0.4428657 (1.60)	0.2991454 (1.07)	0.3279515 (1.15)	0.3784498 (1.67)
Ex	0.2493733 (0.49)	0.1665707 (0.32)	0.2762496 (0.54)	0.1099439 (0.20)	0.0943903 (0.17)	0.3490972 (0.80)
Finance	−0.049*** (−2.78)	−0.062*** (−3.00)	−0.048** (−2.37)	−0.054*** (−2.83)	−0.0566** (−2.52)	−0.054*** (−2.92)
L	0.0000751 (0.79)	0.38351* (1.71)	−0.029633 (−0.29)	0.0910179 (1.43)	0.0986655 (0.91)	0.3203297 (1.50)
_cons	0.019524 (0.20)	0.0518089 (0.49)	0.0083798 (0.07)	0.051419 (0.45)	0.0521505 (0.44)	−0.255602 (1.19)
年份固定效应	控制	控制	控制	控制	控制	控制
省份固定效应	控制	控制	控制	控制	控制	控制
R^2	0.1405	0.1356	0.1521	0.1512	0.1411	0.1284
观测值	341	341	341	341	341	341

续　表

市场化度量指标	(7) Market3-2	(8) Market3-3	(9) Market4-1	(10) Market4-2	(11) Market5-1	(12) Market5-2
Market	0.1006372 (1.24)	0.0500585 (1.19)	0.3129275 (1.44)	−0.004986 (−0.25)	4.755952 (2.49)	4.322121 (1.71)
Road	0.0023852 (0.63)	0.0022982 (0.61)	0.0020349 (0.56)	0.0023814 (0.57)	0.0023613 (0.69)	0.002762 (0.75)
Second	0.393683* (1.75)	0.3789748 (1.62)	0.345088 (1.46)	0.406648* (1.88)	0.3046245 (1.55)	0.2121728 (0.08)
Ex	0.2026691 (0.40)	0.2297027 (0.44)	0.1921988 (0.38)	0.348339 (0.47)	−0.394117 (−0.86)	0.0166426 (0.03)
Finance	−0.051*** (−2.88)	−0.052*** (−2.79)	−0.059*** (−2.9)	−0.050*** (−2.79)	−0.058*** (−3.39)	−0.0540*** (−3.17)
L	0.1006372 (1.24)	0.0500585 (1.19)	0.3129275 (1.44)	−0.004986 (−0.25)	4.755952 (2.49)	4.322121 (1.71)
_cons	−0.05354 (−0.48)	−0.005272 (0.06)	0.0816626 (0.78)	0.0231656 (0.25)	0.1561663 (1.62)	0.0646636 (0.71)
年份固定效应	控制	控制	控制	控制	控制	控制
省份固定效应	控制	控制	控制	控制	控制	控制
R^2	0.1317	0.1349	0.1421	0.1324	0.1211	0.1382
观测值	341	341	341	341	341	341

注:括号中为 t 检验值; * $p < 0.1$, ** $p < 0.05$, *** $p < 0.01$。

对比非资源型行业的错配(回归结果见附表 6.1),可以看到四点显著区别:第一,市场化指标对资源型行业的行业内错配影响基本上不显著,但是对非资源型行业的错配缺口影响大都显著为负。也就是说,市场化的推进,对非资源型行业的错配缺口影响大,显著地降低了这些行业的资源配置扭曲程度,减少了资源错配缺口。但是对于资源型行业而言,则并没有显著发生资源配置效率改进的现象。这从一个侧面说明,资源型行业内部的市场化改革是存在严重的滞后性的。当整个国民经济中的绝大部分行业都因为市场化改革改进资源配置效率,减少资源要素的错配问题的时候,资源型行业内部则难以引入有效的竞争机制,推动资源的优化重组,降低资源要素的扭曲错配。

第二,出口对资源型行业的行业内资源错配没有显著影响,但是对非资源型行业的行业内错配有相助的正向影响。换句话说,一个地区的出口增加并不会对该地区资源型行业的行业内错配造成显著的影响,但是却增加了非资源型行业的行业内错配。这一方面说明,资源型行业的进出口比重少,出口企业大都集中在非资源型行业。因此,出口增加对资源型行业的影响就不显著。另一方面,企业出口反而导致了更为严重的资源错配。原因可能是因为中国企业出口存在"生产率悖论"现象,即由于国内市场分割、融资约束、过度出口导向等问题的存在,使得生产效率低的企业更有可能选择出口。在这种情况下,出口增加,意味着资源向低生产效率企业配置增多,从而进一步增加了资源错配缺口。

第三是信贷比重增加能显著降低资源型行业的行业内错配,但对非资源型行业的影响不显著。这说明资源型行业作为资本密集型行业,对信贷依赖性强。信贷成为企业的主要资源约束。因此,信贷的宽松,对资源型行业的影响效应要强于其他非资源型行业。从另一个层面看,资源型行业由于存在较高的进入比例,使得多元化的融资渠道难以形成,而相反,其他非资源型行业的多样化融资渠道的形成,降低了对信贷的依赖。

第四是道路基础设施建设增加,降低了非资源型行业的行业内资源错配,但是却对资源型行业的行业内错配影响不显著。背后的原因可能与前面相近,即资源型行业的企业之间要素流动壁垒主要体现在制度壁垒和行政壁垒,而非经济壁垒(要素流动的交通等成本)。

2. 行业间错配

表 6.2 给出了资源型行业的行业间错配的回归结果。各列的市场化指标同表 6.1。从回归结果可以看到,市场化指数的增加,大多数都显著地增加了资源型行业的行业间错配缺口。这进一步验证了我国市场化改革的不平衡推进,也就是说,市场化改革是从某些局部的行业开始逐步推

进的。一些率先推进市场化的行业,其行业生产率将有可能获得较为显著的提高,而未推进市场化改革的行业,或者推进缓慢的行业,则其与那些市场化改革推进迅速的行业的生产率差距有可能因此而进一步拉大。这一结果也可以从非资源型行业的行业间错配回归结果得到佐证(见附表6.2)。在非资源型行业的行业间错配回归中,市场化程度对行业间错配缺口的影响系数也大都显著为正。这意味着在行业间的错配问题上,市场化的不平衡推进不仅发生在资源型行业领域,也发生在非资源型行业领域。

其次,我们发现,外贸出口依存度上升显著降低了资源型行业的行业间资源错配缺口。而在非资源型行业领域这种关系并不显著。其原因可能是外贸依存度比较高的省份,其资源型行业的比重较低,一些低效率的资源型行业可能更容易被全行业缩减,从而推动了资源型行业的行业间资源错配缺口减少。

再次,信贷比重的增加显著地减少了资源型行业的行业间资源错配。但是在非资源型行业领域,这种减少是不显著的。其理由如前所述,资源型行业是资本密集型行业,其对资金需求较为敏感。而资本在行业间的流动障碍比较大的情况下,通过新增信贷向高效率行业配置,可以有效降低资源的错配。尽管这一机制在非资源型行业也存在,但是总体而言,非资源型行业的资本流动障碍相对更少,融资渠道更为多元,行业间的资源错配缺口相对较少。因此,信贷增加并不能显著降低行业间的资源错配。

最后,可以看到第二产业比重高的地区,资源型行业的行业间资源错配缺口大。这在非资源型行业中也同样存在。如果将第二产业比重看成是第三产业比重的逆指标,则意味着服务业比重的增加有助于促进资源的行业间流动,减少资源的行业间错配。

表 6.2　资源型行业的行业间资源错配回归结果

变量	(1)	(2)	(3)	(4)	(5)	(6)
	—	Market1	Market2-1	Market2-2	Market2-3	Market3-1
Market		2.21402 (1.39)	0.934200* (1.76)	1.677*** (4.42)	1.7859*** (3.59)	1.36989 (1.15)

续　表

变量	（1）	（2）	（3）	（4）	（5）	（6）
		Market1	Market2-1	Market2-2	Market2-3	Market3-1
Road	0.02334 (1.47)	0.01801 (1.11)	0.01295 (0.87)	0.00496 (0.32)	0.00402 (0.32)	0.02116 (1.35)
Second	3.44569** (2.22)	2.784923* (1.95)	2.41121 (1.41)	1.40214 (0.82)	1.95962 (1.08)	3.31055** (2.16)
Ex	−3.11446* (−1.89)	−3.5924** (−2.1)	−3.96176* (−1.94)	−5.683*** (−2.75)	−5.92*** (−3.33)	−2.688* (−1.71)
Finance	−0.281*** (−3.1)	−0.3536** (−3.75)	−0.32*** (−3.63)	−0.369*** (−4.24)	−0.412*** (−4.55)	−0.301*** (−3.72)
L	0.0002 (0.83)	0.00027 (1.04)	0.00011 (0.41)	9.8E-05 (0.33)	−0.0002 (−0.64)	0.00019 (0.70)
_cons	0.76195 (1.18)	0.94833 (1.60)	1.11328 (1.63)	1.34964 (2.14)	1.352508* (1.89)	−0.4146 (−0.30)
年份固定效应	控制	控制	控制	控制	控制	控制
省份固定效应	控制	控制	控制	控制	控制	控制
R^2	0.1145	0.1182	0.1191	0.1204	0.1167	0.1220
观测值	341	341	341	341	341	341

变量	（7）	（8）	（9）	（10）	（11）	（12）
	Market3-2	Market3-3	Market4-1	Market4-2	Market5-1	Market5-2
Market	1.19797** (2.23)	0.14427 (0.34)	4.8247** (2.57)	0.18575 (1.61)	26.578*** (4.27)	40.733*** (3.82)
Road	0.02157 (1.32)	0.02266 (1.45)	0.01564 (1.07)	0.02903** (2.07)	0.02237 (1.44)	0.025486* (1.74)
Second	3.25084** (2.27)	3.35613** (2.2)	2.44407 (1.66)	3.57250** (2.19)	2.85651** (2.22)	3.21127** (2.33)

续　表

变量	(7)	(8)	(9)	(10)	(11)	(12)
	Market3-2	Market3-3	Market4-1	Market4-2	Market5-1	Market5-2
Ex	−3.6704** (−2.18)	−3.17115* (−1.92)	−3.996*** (−2.77)	−6.80122* (−1.95)	−6.711*** (−6.53)	−5.3078*** (−4.22)
Finance	−0.302*** (−3.37)	−0.288*** (−3.12)	−0.433*** (−4.67)	−0.274*** (−2.85)	−0.329*** (−3.37)	−0.3246*** (−3.57)
L	0.00023 (0.87)	0.00021 (0.85)	−0.00063* (−1.73)	0.00035 (1.20)	−0.0005 (−1.4)	−0.0003 (−0.97)
_cons	−0.1078 (−0.14)	0.69049 (0.97)	1.72001** (2.69)	0.62629 (0.93)	1.52557** (2.51)	1.187364* (1.99)
年份固定效应	控制	控制	控制	控制	控制	控制
省份固定效应	控制	控制	控制	控制	控制	控制
R^2	0.1156	0.1187	0.1201	0.1143	0.1189	0.1176
观测值	341	341	341	341	341	341

注:括号中为 t 检验值; $^*p < 0.1$, $^{**}p < 0.05$, $^{***}p < 0.01$。

第三节　本章小结

本章通过对资源型行业的资源错配进行讨论,区分了行业内资源错配和行业间资源错配,考察了两种错配的时间和空间变化趋势,并进一步回归分析了两种错配缺口的影响因素。结果发现:

(1)行业间的资源错配主导了资源型行业的整体资源错配。这意味着资源型行业的价格扭曲和资源错配问题,主要体现在行业之间。也就是资源型行业内部的企业具有相对的同质性,但是行业之间因高流动壁垒导致了高异质性,从而损害了资源行业间的配置效率。同时,资源型行业的行业内错配显著高于所有行业的平均水平,说明资源型行业资源错配问题的严重程度高于整个制造业的平均水平。

（2）市场化改革的推进，并不能降低资源型行业的资源错配，相反还显著增加了资源型行业的行业间资源错配缺口。这与市场化改革的不平衡推进有关，即市场化的某些行业的推进，导致在另一些行业仍然维持高政府管制，使得引入竞争机制的行业，资源配置效率得以改善，从而拉大了行业间的资源错配缺口。

（3）区域间的资源型行业资源错配差异显著，并且与经济发展程度并不呈显著关系。总体而言，资源型行业的行业内资源错配，呈现"东低西高"的格局，但是行业间资源错配，则呈现"东高西低"的格局。这一方面可能与上述的市场化改革不平衡推进相关，另一方面可能跟各个地区的资源型行业禀赋和结构相关。

（4）交通基础设施的完善对资源型行业的资源错配的减少并无显著的促进作用。这表明交通运输成本导致的资源流动障碍在资源型行业资源错配中并不严重。资源型行业的价格扭曲和资源错配应该是由其他制度性因素引起。

（5）地区出口依存度高的地区，资源型行业的行业间资源错配缺口较小，但是行业内资源错配差异不显著。这意味着，高出口依存度的地区，往往资源型行业整体比重较小，那些效率差的资源型行业会受到产能削减，从而优化了资源型行业的行业间资源配置。但是对于行业内而言，由于资源型行业内的企业出口比重低，加上较强的政府管制，使得出口导致的竞争效应很难传导到行业内的企业。

（6）信贷供给增加对改善资源型行业的资源错配具有显著的作用。资源型行业具有典型的资本密集型特征，在政府管制政策的笼罩下，行业间和企业间的资本要素流动相对困难，只有通过增量资本向高效率企业和行业流入，才可能促进整体资源配置效率的改善。

附表 6.1 非资源型行业的行业内错配回归结果

市场化度量指标	(1) —	(2) Market1	(3) Market2-1	(4) Market2-2	(5) Market2-3	(6) Market3-1
Market		−0.3461** (−2.22)	−0.2122** (−2.74)	−0.0795 (−1.06)	−0.24441* (−2.03)	0.21097 (−1.22)
Road	−0.00326* (−1.80)	−0.0024 (−1.44)	−0.0009 (−0.64)	−0.0024 (−1.32)	−0.0006 (−0.38)	−0.00359* (−1.90)
Second	0.15365 (−1.35)	0.25695** (−3.55)	0.38863** (−2.21)	0.25048* (−1.73)	0.35703** (−2.37)	0.13284 (−1.28)
Ex	0.46800** (−2.13)	0.54273** (−2.61)	0.6605*** (−3.11)	0.5897** (−2.40)	0.8519*** (−2.94)	0.5337** (−2.52)
Finance	−0.0002 (−0.01)	0.01118 (−0.76)	0.00944 (−0.82)	0.00397 (−0.28)	0.01782 (−1.46)	−0.0033 (−0.19)
L	−0.0001** (−2.33)	−0.0000** (−2.47)	−0.0001** (−2.06)	0.0001** (−2.13)	−2E−05 (−0.8)	−0.0001** (−2.5)
_cons	0.1014* (−1.79)	0.07229 (−1.55)	0.02161 (−0.37)	0.07358 (−1.46)	0.0206 (−0.44)	−0.0798 (−0.50)
年份	控制	控制	控制	控制	控制	控制
省份	控制	控制	控制	控制	控制	控制
R^2	0.1405	0.1356	0.1521	0.1512	0.1411	0.1284
观测值	341	341	341	341	341	341
市场化度量指标	(7) Market3-2	(8) Market3-3	(9) Market4-1	(10) Market4-2	(11) Market5-1	(12) Market5-2
Market	−0.1054** (−2.42)	−0.04 (−0.72)	−0.188 (−1.23)	−0.0206** (−2.16)	−0.0001** (−0.70)	1.47964 (−1.03)
Road	−0.00310* (−1.73)	−0.00307* (−1.72)	−0.00296* (1.79)	−0.0039** (−2.20)	−0.00328* (−1.71)	−0.0032 (−1.65)

续　表

市场化 度量指标	（7） Market3-2	（8） Market3-3	（9） Market4-1	（10） Market4-2	（11） Market5-1	（12） Market5-2
Second	0.1708 （−1.44）	0.17848 （−1.37）	0.19267 （−1.50）	0.13957 （−1.23）	0.1412 （−1.29）	0.14514 （−1.32）
Ex	0.51692** （−2.33）	0.48372** （−2.16）	0.50235** （−2.09）	0.87749** （−2.66）	0.39197 （−1.54）	0.388335* （−1.72）
Finance	0.00172 （−0.11）	0.00172 （−0.12）	0.00573 （−0.44）	−0.001 （−0.06）	−0.0012 （−0.08）	−0.0018 （−0.11）
L	−0.0001** （−2.39）	−0.0001** （−2.27）	−5E−05 （−1.66）	−0.0001** （−2.72）	−1E−04 （−2.5）	−0.00010** （−2.66）
_cons	−0.17794** （−2.68）	0.121234* （−1.89）	0.0641 （−1.17）	0.116492* （−2.04）	0.11757* （−1.99）	0.11688** （−2.09）
年份	控制	控制	控制	控制	控制	控制
省份	控制	控制	控制	控制	控制	控制
R^2	0.1085	0.1066	0.1227	0.1113	0.1271	0.1181
观测值	341	341	341	341	341	341

注：括号中为 t 检验值；* $p<0.1$，** $p<0.05$，*** $p<0.01$。

附表 6.2　非资源型行业的行业间资源错配回归结果

市场化 度量指标	（1）	（2） Market1	（3） Market2-1	（4） Market2-2	（5） Market2-3	（6） Market3-1
Market		0.08161 （−0.06）	1.20847 （−1.43）	0.62122 （−0.94）	1.58634** （−2.12）	0.10171 （−0.07）
Road	0.02575 （−1.63）	0.02555 （−1.69）	0.01231 （−1.13）	0.01894 （−1.43）	0.00859 （−0.71）	0.02559 （−1.54）

续 表

市场化度量指标	（1）—	（2）Market1	（3）Market2-1	（4）Market2-2	（5）Market2-3	（6）Market3-1
Second	4.3377** (−2.29)	4.31334** (−2.11)	2.9995 (−1.14)	3.58072 (−1.53)	3.01768 (−1.35)	4.32766** (−2.33)
Ex	2.45422 (−0.89)	2.4366 (−0.86)	1.35817 (−0.38)	1.50258 (−0.46)	−0.0376 (−0.01)	2.48588 (−0.92)
Finance	−0.1454 (−1.08)	−0.1491 (−1.07)	−0.2003 (−1.34)	−0.1779 (−1.23)	−0.26235* (−1.87)	−0.1469 (−1.09)
L	0.00067 (−1.47)	0.00067 (−1.43)	0.00055 (−1.22)	0.00063 (−1.37)	0.00032 (−0.70)	0.00067 (−1.43)
_cons	−0.2643 (−0.32)	−0.2574 (−0.30)	0.19019 (−0.17)	−0.0466 (−0.05)	0.26028 (−0.28)	−0.3516 (−0.22)
年份	控制	控制	控制	控制	控制	控制
省份	控制	控制	控制	控制	控制	控制
R^2	0.1392	0.1392	0.1661	0.1548	0.1491	0.1306
观测值	341	341	341	341	341	341

市场化度量指标	（7）Market3-2	（8）Market3-3	（9）Market4-1	（10）Market4-2	（11）Market5-1	（12）Market5-2
Market	1.22312 (−1.65)	−0.0872 (−0.25)	4.309596* (−1.85)	0.08964 (−0.59)	41.818*** (−4.74)	52.290*** (−3.85)
Road	0.02394 (−1.46)	0.02616 (−1.65)	0.01887 (1.42)	0.0285* (−1.83)	0.02423 (−1.60)	0.02850** (−2.05)
Second	4.13875** (−2.30)	4.39181** (−2.27)	3.44302* (−1.76)	4.39889** (−2.32)	3.41068** (−2.37)	4.03676** (−2.37)
Ex	1.88658 (−0.68)	2.48847 (−0.90)	1.66682 (−0.61)	0.67505 (−0.26)	−3.2039** (−2.64)	−0.3614 (−0.20)

续　表

变量	（7）	（8）	（9）	（10）	（11）	（12）
	Market3-2	Market3-3	Market4-1	Market4-2	Market5-1	Market5-2
Finance	−0.1676 （−1.24）	−0.1413 （−1.02）	−0.28120* （−1.8）	−0.1421 （−1.02）	−0.221 （−1.67）	−0.2016 （−1.53）
L	−0.0007 （−1.48）	0.00067 （−1.45）	−8E−05 （−0.16）	−0.00074 （−1.55）	−0.0005 （−0.82）	4E−07 （0.01）
_cons	−1.1523 （−1.09）	−0.2211 （−0.27）	0.59147 （−0.58）	−0.3298 （−0.39）	0.93719 （−1.36）	0.28182 （−0.37）
年份	控制	控制	控制	控制	控制	控制
省份	控制	控制	控制	控制	控制	控制
R^2	0.1385	0.1372	0.1469	0.1348	0.1255	0.1472
观测值	341	341	341	341	341	341

注：括号中为 t 检验值；* $p < 0.1$，** $p < 0.05$，*** $p < 0.01$。

参考文献

Acemoglu D, Bimpikis K and Ozdaglar A. Price and Capacity Competition[J]. Games and Economic Behavior, 2009, 66(1): 1-26.

Aghion P , Howitt P. Market Structure and the Growth Process [J]. Review of Economic Dynamics, 1998, 1(1): 276-305.

Allan G, Hanley N, McGregor P, Swales K and Turner K. The Impact of Increased Efficiency in the Industrial Use of Energy: A Computable General Equilibrium Analysis For the United Kingdom[J]. Energy Economics, 2007, 29(4): 779-798.

Amundsen E S, Schöb R. Environmental Taxes on Exhaustible Resources [J]. European Journal of Political Economy, 1999, 15(2): 311-329.

André F J, Cardenete M A. Defining Efficient Policies in a General Equilibrium Model: A Multi-objective Approach[J]. Socio-Economic Planning Sciences, 2009, 43(3):192-200.

Baily M N, Hulten C and Campbell D. Productivity Dynamics in Manufacturing Plants [J]. Booking Papers on Economic Activity: Microeconomics, 1992.

Barbier E. Endogenous Growth and Natural Resource Scarcity[J]. Environmental and Resource Economics, 1999, 14(1), 51-74.

Baunsgaard T. A Primer on Mineral Taxation[R]. IMF Working

Paper，2001，139(1)：1-35.

Bergemann D，Välimäki J. Dynamic Pricing of New Experience Goods [J]. Journal of Political Economy，2006，114(4)：713-743.

Boadway R，Keen M. Theoretical Perspectives on Resource Tax Design[R]. In Daniel P，Keen M，McPherson C(eds). The Taxation of Petroleum and Minerals：Principles，Problems and Practice[M]. New York：Routledge Oxon，2010：13-74.

Bovenberg A L and Van der Ploeg F. Consequences of Environmental Tax Reform for Unemployment and Welfare [J]. Environmental and Resource Economics，1998，12(2)：137-150.

Brandt L，Van Biesechroeck J and Zhang Y. Creative Accounting or Creative Destruction? Firm-level Productivity Growth in Chinese Manufacturing[J]. Journal of Development Economics，2012，97(2)：339-351.

Dasgupta P，Heal G and Stiglitz J E. The Taxation of Exhaustible Resources [J]. 1980，25(3)：432-497.

Dasgupta P，Heal G. The Optimal Depletion of Exhaustible Resources. Review of Economic Studies，1974，41(1)：3-28.

Daubanes J，Leinert L. Optimum Tariffs and Exhaustible Resources：Theory and Evidence for Gasoline[R]. CER-ETH Economics Working Paper Series，2012. No. 12/163，

Davidson C，Deneckere R. Horizontal Mergers and Collusive Behavior[J]. International Journal of Industrial Organization，1984，2(2)：117-132.

De Melo J，Tarr D G. A General Equilibrium Analysis of US Foreign Trade Policy[M]. Cambridge：MIT Press，1992.

Devis K，de Melo J，Robinson S. General Eqvilibrium Models for Development Policy [M]. Cambridge：Combridge Unilversity Press，1982.

Dixon P B，Parmenter J，Sutton and Vincent D. ORANI：A Multi-

Sector Model of the Australian Economy[M]. Amsterdam: North-Holland, 1982.

Eisenack K, Stecker R. A framework for Analyzing Climate Change Adaptations As actions[J]. Mitigation & Adaptation Strategies for Global Change, 2012, 17(3):243-260.

Ekins P. European Environmental Taxes and Charges: Recent Experience, Issues and Trends[J]. Ecological Economics, 1999, 31(1): 39-62.

Esö P, Nocke V and White L. Competition for Scarce Resources [J]. RAND Journal of Economics, 2010, 41(3): 524-548.

Foley P T, Clark J P. The Effects of State Taxation on United States Copper Supply[J]. Land Economics, 1982, 58(2):153-180.

Galinis A, van Leeuwen M. A CGE Model for Lithuania: The Future of Nuclear Energy[J]. Journal of Policy Modeling, 2000, 22(6), 691-718.

Gamponia V, Mendelsohn R. The Taxation of Exhaustible Resources [J]. Quarterly Journal of Economics, 1985, 100(1):165-181.

Grimaud A, Rouge L. Polluting Non-Renewable Resources, Innovation and Growth: Welfare and Environmental Policy[J]. Resource and Energy Economics,2005, 27(2): 109-129.

Heish C T, Klenow P J. Misallocation and Manufacturing TFP in China and India [J]. Quarterly Journal of Economics, 2009, 124(4): 1403-1448.

Hogan L, McCallum R. Non-renewable Resource Taxation in Australia [R]. ABARE Report, April, Commonwealth of Australia, Canberra, 2010.

Hogan L, Goldsworthy B. International Mineral Taxation: Experience and Issues[R]. In Daniel P, Keen M, McPherson C(eds). The Taxation of Petroleum and Minerals: Principles, Problems and Practice. New York: Routledge Oxon, 2010.

Hotelling H. The Economics of Exhaustible Resources [J]. Journal of Political Economy, 1931: 39(2). 137-175.

Hung N M, Quyen N V. Specific or Advalorem Tax for an Exhaustible Resource? [J]. Economics Letters, 2009, 102 (2): 132-134.

Johansen L. A Multi-Sectoral Study of Economic Growth [M]. Amsterdam:North-Holland, 1960.

Julien D, Lisa L. Optimum Tariffs and Exhaustible Resources: Theory and Evidence for Gasoline [R]. Eidgenössische Technische HochschuleZürich. CER-ETH-Center of Economic Research at ETH Zurich, 2012.

Kagiannas A G, Askounis D T, amd Psarras J. Power Generation Planning: Aa Survey from Monopoly to Competition [J]. International Journal of Electrical Power & Energy Systems, 2004, 26(6): 413-421.

Kamien M I, Schwartz N L. Dynamic Optimization: The Calculus of Variations and Optimal Control in Economics and Management [M]. Nen York: Courier Dover Publications, 2012.

Kent C, Eastham E and Hagan E. Taxation of Natural Gas: A Comparative Analysis[R]. Center for Business and Economic Research, Marshall University, 2011,CBER Working Paper No. 10/12.

Krautkraemer J A. Optimal Growth, Resource Amenities and the Preservation of Natural Environments [J]. Review of Economic Studies, 1985, 52(1): 153-169.

Kreps D, Scheinkman J. Quantity Pre-commitment and Bertrand Competition Yield Cournot Outcomes[J]. Bell Journal of Economics, 1983, 14(2): 326-337.

Lang L, Stulz R. Tobin's q, Corporate Diversification, and Firm Performance [J]. Journal of Political Economy, 1994, 102 (6): 1248-1280.

Lin B, Jiang Z. Estimates of Energy Subsidies in China and Impact of Energy Subsidy Reform［J］. Energy Economics，2011，33（2）：273-283.

Loertscher S，Reisinger M. Competitive Effects of Vertical Integration with Downstream Oligopsony and Oligopoly［J］. Discussion Papers 278，SFB/TR 15，Humboldt University of Berlin，2009.

Long N V，Sinn H W. Surprise Price Shifts，Tax Changes and the Supply Behaviour of Resource Extracting Firm［J］. Australian Economic Papers，1985，24(45)：278-289.

Manne A，Mendelsohn R and Richels R. MERGE：A Model for Evaluating Regional and Global Effects of GHG Reduction Policies［J］. Energy Policy，1995，23(1)：17-34.

McKibbin W，Wilcoxen P. The Theoretical and Empirical Structure of the G-Cubed Model［J］. Economic Modeling，1998，16(1)：123-148.

Nakhle C. Petroleum Fiscal Regimes：Evolution and Challenges ［R］. In Daniel P，Keen M，McPherson C（Eds.），The Taxation of Petroleum and Minerals：Principles，Problems and Practice，IMF，Washington，2010.

Naqvi F A. Computable General Equilibrium Model of Energy，Economy and Equity Interactions in Pakistan［J］. Energy Economics，1998，20(4)：347-373.

Olley G S，Pakes A. The Dynamics of Productivity in the Telecommunications Equipment Industry［J］. Econometrica，1996，64(6)：1263-1297.

Orlov A. An Assessment of Proposed Energy Resource Tax Reform in Russia：A Static General Equilibrium Analysis［J］. Energy Economics，2015，50(3)：251-263.

Parry I W H，Small K A. Does Britain or the United States Have the Right Gasoline Tax?［J］. American Economic Review，2002，95(4)：1276-1289.

Pindyck R S. The Optimal Production of an Exhaustible Resource

When Price Is Exogenous and Stochastic [J]. Scandinavian Journal of Economics，1981，83(2)：277-288.

Pindyck R S. Uncertainty and Exhaustible Resource Markets [J]. The Journal of Political Economy，1980,88(6)：1203-1225.

Randall A. Resource Economics- An Economic Approach to Natural Resource and Environmental Policy[M]. Columbus：Grid Press，1981.

Riordan M. Anti-competitive Vertical Integration by a Dominant Firm[J]. American Economic Review，1998，88(5)：1232-1248.

Robson A. Costly Innovation and Natural Resources [J]. International Economic Review，1980，21(1)：17-30.

Sherman R，Cattaneo A and ElSaid M. Updating and Estimating a Social Accounting Matrix Using Cross Entropy Methods[C]. Trade and Macroeconomics Division，International Food Policy Research Institute Discussion Paper 33，1998.

Slade M E. Taxation of Non-renewable Resources at Various Stages of Production [J]. Canadian Journal of Economics，1986，19 (2)：281-297.

Solow R M. Intergenerational Equity and Exhaustible Resources [J]. Review of Economic Studies，1974，41(1)：29-45.

Song H S，Wang R Q and Ye J L. Scarce Human Resources and Equilibrium Industry Structure[J]. Journal of Economics，2018，124 (2)：99-119.

Stahl D O. Oligopolistic Pricing with Sequential Consumer Search [J]. American Economic Review,1989,79(4)：700-712.

Stiglitz J E，Dasgupta P. Market Structure and Resource Extraction under Uncertainty [J]. Scandinavian Journal of Economics，1981，83 (2)：318-333.

Stiglitz J E. Monopoly and the Rate of Extraction of Exhaustible Resources[J]. American Economic Review，1976，66(4)：655-661.

Stokey N. Are There Limits to Growth? [J]. International

Economic Review，1998，39（1）：1-31.

Whalley J. Taxes and Trade［J］. World Bank Working Paper，Washington，DC，2002.

Young A. The Razor's Edge Distortions and Incremental Reform in the People's Republic of China ［J］. Quarterly Journal of Economics，2000，115（4）：1091-1135.

Zhang Z，Guo J and Qian D. Effects and Mechanism of Influence of China's Resource Tax Reform：A Regional Perspective［J］. Energy Economics，2013，36（3）：676-685.

阿兰·兰德尔.资源经济学:从经济角度对自然资源和环境政策的探讨［M］.北京:商务印书馆,1989。

安体富,蒋震.我国资源税:现存问题与改革建议［J］.涉外税务,2008（5）：10-14.

安仲文.以可持续发展理念完善和改革我国现行资源税［J］.宏观经济研究,2008（4）：38-42.

陈文东.租金理论及其对资源税的影响［J］.中央财经大学学报,2007（6）:1-5.

成金华,吴巧生.中国自然资源经济学研究综述［J］.中国地质大学学报(社会科学版),2004（3）:47-55.

曹爱红,韩伯棠,齐安甜.中国资源税改革的政策研究［J］.中国人口·资源与环境,2011,21（6）:158-163.

陈永伟.资源错配:问题、成因和对策［D］.北京:北京大学光华管理学院,2013.

陈烨,张欣,寇恩惠,等.增值税转型对就业负面影响的CGE模拟分析［J］.经济研究,2010（9）:29-42.

董万好,刘兰娟,王军.调整财政民生支出和行政管理支出对劳动报酬的影响——基于CGE模型的收入再分配研究［J］.财经研究,2011（9）:4-15.

都阳.重视人口转变的劳动力市场效应［J］.人口与发展,2008（5）:23-35.

樊明太. 中国 CGE 模型及政策分析[M]. 北京:社会科学文献出版社,1999.

攀明太,郑玉歆,马纲. 中国 CGE 模型:基本结构及有关应用问题(上)[J]. 数量经济技术经济研究 1998(12):39-47.

攀明太,郑玉歆,马纲. 中国 CGE 模型:基本结构及有关应用问题(下)[J]. 数量经济技术经济研究.1999(4):24-30.

樊纲,王小鲁,马光荣. 中国市场化进程对经济增长的贡献[J]. 经济研究,2011(9):4-16.

范金,杨中卫,赵彤. 中国宏观社会核算矩阵的编制[J]. 世界经济文汇,2010(4):103-119.

高清莅,郝志军. 浅析我国现行资源税体系中存在的问题及改革设想[J].经济论坛,2008(4):91-92.

国家统计局城市司,湖南调查总队课题组.我国资源性产品定价机制研究[J].统计研究,2008(3):3-11.

葛世龙,周德群,李军山. 基于竞争市场可耗竭资源价格策略[J]. 系统工程,2007(9):116-119.

葛世龙,周德群. 税收政策不确定下资源动态优化开采研究[J]. 管理学报,2008(5):674-677.

郭菊娥,钱冬,吕振东. 煤炭资源税调整测算模型及其效应研究[J]. 中国人口·资源与环境,2011,21(1):78-84.

郭志刚,再论队列平均子女数不能作为当前总和生育率的估计[J].中国人口科学,2008(10):26-33.

高颖. 中国资源—经济—环境 SAM 的编制方法[J]. 统计研究,2008,25(5):84-88.

韩剑,郑秋玲. 政府干预如何导致地区资源错配——基于行业内和行业间错配的分解[J].中国工业经济,2014(11):69-81.

刘乃军,路卓铭.我国资源价格重构的理论思考与机制探讨[J].求是学刊,2007(4):51-61.

刘宇,周梅芳. 煤炭资源税改革对中国的经济影响——基于 CGE 模型的测算[J]. 宏观经济研究,2015(2):60-67.

刘小玄,李双杰.制造业企业相对效率的度量和比较及其外生决定因素(2000—2004)[J].经济学季刊,2008,7(3):843-869.

刘晔.资源税改革的效应分析与政策建议[J].税务研究,2010(5):88-90.

刘植才.我国资源税制度改革发展的回顾与展望[J].税务研究,2014(2):27-32.

刘楠楠.煤炭资源税改革对煤炭产业发展的影响[J].税务研究,2015(5):49-54.

李冬梅,马静.我国资源税改革的经济效应分析[J].东南学术,2014(2):99-104.

李波.煤炭资源税改革目标实现的困境与对策[J].中国人口·资源与环境,2013,23(1):69-74.

李洪心.可计算的一般均衡模型——建模与仿真[M].北京:机械工业出版社,2008.

林伯强,刘希颖,邹楚沅,等.资源税改革:以煤炭为例的资源经济学分析[J].中国社会科学,2012(3):116-139.

林伯强,牟敦国.能源价格对宏观经济的影响——基于可计算一般均衡(CGE)的分析[J].经济研究,2008(11):88-101.

罗丽艳.自然资源价值代偿机制研究[M].北京:经济科学出版社,2005.

罗丽艳.自然资源价值的理论思考——论劳动价值论中自然资源价值的缺失[J].中国人口·资源与环境,2003(6):19-22.

路卓铭.以建立资源开发补偿机制推进我国资源价格改革[J].经济体制改革,2007(3):10-15.

鲁晓东,连玉君.中国工业企业全要素生产率估计:1999—2007[J].经济学季刊,2012,11(2):541-559.

鲁晓东.金融资源错配阻碍了中国的经济增长吗?[J].金融研究,2008(4):55-68.

马凯.积极稳妥地推进资源性产品价格改革[J].求是,2005(24):5-7.

马明.基于CGE模型的水资源短缺对国民经济的影响研究[D].北

京：中国科学院，2001.

聂辉华，江艇，杨汝岱.中国工业企业数据库的使用现状和潜在问题[J].世界经济，2012(5)：142-157.

裴潇，蒲志仲.我国资源税的经济效应分析[J].财会月刊，2013(4)：29-32.

齐明珠.我国未来人口发展与就业趋势分析[J].中国人力资源开发，2010(12)：9-12.

宋结焱，施炳展.出口贸易是否降低了中国行业内资源错配？[J]世界经济研究，2014(10)：53-60.

宋辉，魏晓平.资源租与可耗竭能源资源开采模式研究[J].软科学，2010(11)：65-68.

时佳瑞，汤铃，余乐安，等.基于CGE模型的煤炭资源税改革影响研究[J].系统工程理论与实践，2015(7)：1698-1707.

石季辉，刘兰娟，王军.财政民生支出CGE模型闭合条件的选择与检验[J].数量经济技术经济研究，2011(9)：75-89.

孙钢.我国资源税费制度存在的问题及改革思路[J].税务研究，2007(11)：41-44.

吴文庆.我国资源环境价格改革的路径选择与配套措施研究[J].价格理论与实践，2011(8)：33-34.

吴迪.基于CGE模型的资源税改革对能源行业的影响研究——以煤炭行业为例[J].当代经济管理，2014，36(7)：62-65.

王鹤鸣，岳强，陆钟武.中国1998—2008年资源消耗与经济增长的脱钩分析[J].资源科学，2011，33(9)：1757-1767.

王金营.中国计划生育政策的人口效果评估[J].中国人口科学，2006(10)：23-32.

魏巍贤.基于CGE模型的中国能源环境政策分析[J].统计研究，2009，26(7)：3-13.

辛洪波.煤炭资源税从价计征对煤炭行业影响分析[J].煤炭经济研究，2013(8)：11-14

徐瑞娥.我国资源税费制度改革的研究综述[J].经济研究参考，

2008(8):40-44.

徐晓亮.资源税改革中的经济行为和政府决策分析[J].中国人口·资源与环境,2011(5):10-15.

徐晓亮.资源税改革能调整区域差异和节能减排吗?——动态多区域CGE模型的分析[J].经济科学,2012(10):45-54.

徐晓亮,程倩,车莹,等.煤炭资源税改革对行业发展和节能减排的影响[J].中国人口·资源与环境,2015(8):77-83.

徐晓亮,许学芬.资源税税率设置分析、比较和选择[J].自然资源学报,2012(1):41-49.

徐晓亮.资源税税负提高能缩小区域和增加环境福利吗?——以煤炭资源税改革为例[J].管理评论,2014,26(7):29-36.

许士春,何正霞,魏晓平.资源消耗、污染控制下经济可持续最优增长路径[J].管理科学学报,2010(1):20-30.

谢千里,罗斯基,张轶凡.中国工业生产率的增长与收敛[J].经济学季刊,2008,7(3):809-827.

晏智杰.自然资源价值刍议,北京大学学报(哲学社会科学版).2004(6):70-77.

叶志辉.燃油税税率的确定——基于CGE的分析[J].统计研究,2009,26(5):86-93.

杨兴.我国资源税改革研究——以新疆油气资源税改革为例[D].成都:西南财经大学,2012.

杨岚,毛显强,刘琴,等.基于CGE模型的能源税政策影响分析[J].中国人口·资源与环境,2009,19(2):24-29.

杨汝岱.中国制造业企业全要素生产率研究[J].经济研究,2015(2):61-77.

杨玉凤,魏晓平.市场经济条件下矿产资源最优价格策略研究[J].中国管理科学,2001(4):36-40。

殷爱贞,杨帅,李林芳.基于CGE模型模拟分析矿产资源税税率[J].财会月刊,2013(22):41-44.

依绍华.调整资源税征收制度 建设环境友好型社会[J].中国财政,

2008(1):49-50.

中国经济的社会核算矩阵研究小组. 中国经济的社会核算矩阵[J]. 数量经济技术经济研究，1996(1):42-48.

张军,吴桂英,张吉鹏. 中国省际物质资本存量估算：1952—2000[J].经济研究，2004(10):35-45.

张春林. 资源税率与区域经济发展研究[J]. 中国人口·资源与环境，2006，16(6):44-47.

张欣. 可计算一般均衡模型的基本原理与编程[M]. 上海:格致出版社，2010.

张立,陶应发. 基于环境管理的经济增长模型[J]. 中国地质大学学报(社会科学版),2006(4)：60-63.

朱学敏,王强,李军华,等. 资源税对煤炭产业生产效率影响的实证研究[J]. 中国石油大学学报(社会科学版)，2012，28(2):5-9.

张捷.我国资源税改革设计[J].税务研究，2007(11)：45-47.

张平竺.完善我国资源税的设想[J].福建税务，2000(11):27-28.

章铭. 基于资源CGE模型的资源税最优税率设计[D]. 北京:中国地质大学，2013.

翟凡,李善同. 一个中国经济的可计算一般均衡模型[J]. 数量经济技术经济研究，1997(3)：38-44.

后　记

一部著作的诞生总伴随着诸多的磕磕碰碰,本书也不例外。

2013 年,在多次申请和失败之后,几经修改后终于获准国家社科基金立项。之后便是按照项目既定的计划投入研究。为了增加获准立项的可能性,项目申请书中的成果预期不断"加码",获准立项后,对于如何达到预期成果,顿时显得比较茫然。加之开始提交申请时的团队(主要是研究生)变化很大,新招的学生无法马上进入研究状态,使得项目起初的执行一度十分缓慢。2014 年我申请到了赴加拿大皇后大学一年访问交流,在加期间得以理清思绪,投入研究。好在此时一些中期成果也都顺利发表,大大增加了我对完成该项目的信心。2015 年下半年回国后,在原先零散的研究基础上,继续整合,陆续完成了这个书稿,作为最终成果提交社科基金规划办已经是 2018 年上半年了。经历的曲折和应对的历程,非三言两语可以言表。不过作为一个过程,回顾而视之,则着实令我收获巨大,尽管呈现在大家面前的这个成果是如此的不成熟。

我首先得感谢几位学生,他们是在某种被动的状态下加入这个项目研究的,从收集数据、建立模型,到论文写作,不断地讨论沟通,一方面完成了他们的学位论文,另一方面也为这个项目的顺利推进贡献良多。特别感谢徐呈隽、郑朝鹏和卓康芝三位同学,分别就最优资源税、CGE 模型和资源型行业的资源错配问题的研究,对本书的相关章节提供了很好的基础。另外还要感谢几位同事,张自斌和叶兵两位老师直接参与了本项目,并开展了良好的研究合作;潘士远老师和朱希伟老师,在研究中也给予不少支持和帮助。尤其要感谢国家"千人计划"学者王汝渠教授,由于他的邀请与合作,得以在加拿大皇后大学访学一年,可以静心从事书稿写作。民营经济研究中心的叶楠女士和学院科研科的郑华老师,在项目的中期检查和结题上,给予了不少的指导,一并表示感谢。

最后,感谢家人,让我得以抽空完成此书。

叶建亮

2018 年 6 月于求是园